GABRIELA FRIEDRICH

Vier Schritte zur
Gelassenheit
im Alltag

INHALT

Warum haben wir eigentlich Angst?
Seite 20

In welcher Ecke hockt die Angst?
Seite 6

SELBSTTEST

URSACHEN

LÖSUNGEN

KONSOLIDIERUNG

Gelassen und frei von Angst auf sanfte Art

Dies ist ein Buch über Angst, oder besser darüber, wie es möglich ist, Ängste aufzulösen wie Nebelschwaden in der Sonne. Das funktioniert mit Ängsten, die durch negative Erfahrungen entstanden sind, ebenso wie mit solchen, die uns früher einmal Vorbilder oder andere Dritte »eingeflüstert« haben, und auch mit Ängsten, die auf Selbstzweifeln beruhen. Gefällt Ihnen die Vorstellung, von allerlei Befürchtungen und Hemmungen frei zu sein? Wie sähe Ihr Leben aus, wie würde es sich anfühlen ohne diese hindernden Emotionen und Gedanken? Was könnten Sie mit einem Gefühl innerer Sicherheit und Gelassenheit alles tun? Wie fühlte sich Ihr Liebesleben an ohne den prägenden Ballast früherer Verletzungen? Welche beruflichen Möglichkeiten stünden Ihnen offen, könnten Sie Ihr Potenzial entfalten, ohne dabei von Versagensängsten oder Lampenfieber gebremst zu werden? Gefällt Ihnen die Vision eines entspannteren, gelasseneren Ich? Sie kann bald Realität sein, denn dieses Buch vermittelt Ihnen das erforderliche Know-how, mit dem Sie sich selbst von Ihren einschränkenden Gefühlen befreien und Ihre inneren Bedenkenträger zum Schweigen bringen können. Und zwar auf eine ganz sanfte Art und Weise, indem Sie Ihr Unterbewusstsein beauftragen, die erforderlichen Prozesse vorzunehmen. Die Wirkung wird Sie verblüffen – Sie werden erleben, wie sich Ihre Gefühle und Gedanken in Minutenschnelle ändern. Situationen, die Sie bisher schon in Panik versetzt haben, wenn Sie nur an sie dachten, lassen Sie plötzlich völlig kalt.

Die Methode, die dies bei Ihnen bewirken wird, ist die bislang wenig bekannte Mentaltechnik BSFF: Be Set Free Fast, die sowohl zur Selbsthilfe als auch für den professionellen und klinischen Einsatz entwickelt wurde. Sie ist **absolut sicher und weitaus effektiver** als das, was Sie bisher vielleicht gegen Ihre Ängste unternommen haben. Möglicherweise haben Sie versucht, Ihre Ängste »in den Griff« zu bekommen, was in etwa so anstrengend ist, wie es klingt. Oder Sie sind den Weg gegangen, die Ängste durch die wiederholte Konfrontation mit dem Auslöser abzubauen, was zeitaufwändig und bis zum Eintritt der Wirkung überaus unerquicklich ist. Viele Menschen versuchen auch, ihre Ängste durch Ursachenanalyse loszuwerden. Das Ergebnis ist ein tiefes Verständnis der Ängste – die deshalb aber noch längst nicht weg sind.

Unser Ziel jedoch ist: Die Ängste sollen nach der Analyse verschwinden wie die erwähnten Nebelschwaden. Und es darf Ihnen durchaus gut gehen bei der Auflösung Ihrer Ängste. Dieses Buch gibt Ihnen alles, was Sie benötigen, um ganz gezielt auf Ihre Gefühle Einfluss zu nehmen. Sie finden hier ein umfangreiches Angebot an Vorgehensweisen, die Sie alle miteinander kombinieren können. Just so, wie es sich **für Sie persönlich passend und richtig** anfühlt. Probieren Sie einfach dies, verbinden Sie es mit jenem – und genießen Sie, wie es sich in Ihnen immer freier und leichter anfühlt.

Ihre Gabriela Friedrich

In welcher Ecke
hockt die Angst?

Angst tarnt und **verbirgt sich gern.**
Wo in Ihrem Leben entdecken Sie sie?

SIE HABEN SICH vermutlich für dieses Buch entschieden, weil Sie sich nach mehr Gelassenheit sehnen. Und das heißt vielleicht, dass Ihnen einige Ängste bewusst sind, gegen die Sie etwas unternehmen möchten. Mit diesen Wünschen sind Sie hier genau richtig. Sie werden viele Techniken und Anregungen erhalten, mit denen Sie Ihren Ängsten beikommen können. Nutzen Sie dieses erste Kapitel und seine Tests zu **schonungsloser Ehrlichkeit mit sich selbst.** Holen Sie Ängste, Zweifel und Hemmungen ans Licht, die Sie bisher lieber nicht angeschaut haben. Wir alle tragen nicht nur die Ängste in uns, die uns bewusst sind, sondern noch viele mehr, die wir sorgfältig verdrängt oder geleugnet haben. Das verstärkt ihren steuernden Einfluss auf unser Leben eher, als dass es ihn vermindert. Viele Ängste verbergen sich hinter vernünftig klingenden Erklärungen. **Dem aber kommen wir hier auf die Spur.**
Nutzen Sie also die folgenden Seiten, um herauszufinden, in welchen Bereichen des Lebens Ihre Gelassenheit und Ihre persönliche Entfaltung von heimlichen Ängsten gebremst werden. Was immer Sie dabei aufdecken – mit den Angeboten dieses Buches können Sie es auflösen. **Ihr Mut wird also belohnt.** Denn ohne übertriebene Ängste lebt es sich nicht nur gelassener, sondern insgesamt deutlich besser.

Bekannten Ängsten ins Auge sehen

Lassen Sie uns mit den Ängsten beginnen, über deren Bedeutung in Ihrem Leben Sie sich im Klaren sind. Tragen Sie diese Zweifel, Hemmungen oder Unsicherheiten in ein Notizbuch ein. Und damit Sie Ihre Erfolge bei der Angstauflösung leicht erkennen können, bewerten Sie jetzt die von Ihnen ganz subjektiv empfundene Intensität jeder Angst mit einem Zahlenwert der folgenden Zehnerskala.

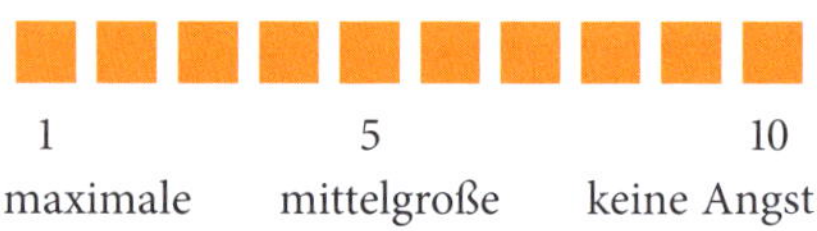

1	5	10
maximale	mittelgroße	keine Angst

Später – wenn Sie Ihre Ängste mit Mental- und Visualisierungstechniken bearbeitet haben, nehmen Sie diese Bewertung erneut vor. Dann werden Sie einen großen Unterschied zum jetzigen Ist-Wert feststellen und Ihren Erfolg angemessen wertschätzen können. Ohne den ursprünglichen Skalenwert als Referenz könnte es Ihnen gehen wie vielen Coaching-Klienten, die nach einer erfolgreichen Behandlung der Angst sagen »Ach, so schlimm war es ja eigentlich auch gar nicht.« Durch die Arbeit mit der Mentaltechnik wurde nämlich nicht nur die Intensität der Angst verringert, sondern auch die Erinnerung daran. Das mindert auch jede Angst vor der Angst.

Ihr Tagebuch

Führen Sie ein Gelassenheitstagebuch, in dem Sie alle Test- oder Übungsergebnisse sowie Ihre Gedanken oder Erkenntnisse, auf die Sie mit diesem Buch stoßen, vermerken. Es wird Ihr persönlicher Begleiter auf dem Weg in ein angstfreies Leben.

Verdeckte Ängste entlarven

Nun bringen wir Aspekte ans Licht, die Ihren Erfolg und Ihre Lebenszufriedenheit maßgeblich beeinflussen. Wir werden uns dabei insbesondere mit einem Mechanismus der Verdrängung beschäftigen, den Menschen gern anwenden: die Rationalisierung. Weil wir uns unangenehme Gefühle nicht eingestehen wollen, finden wir wohlklingende Erklärungen, warum wir dieses oder jenes tun oder nicht tun. Bei manchen dieser Erklärungen ist recht deutlich, dass darunter Angst sitzt. Andere klingen absolut glaubwürdig und offenbaren ihr Geheimnis erst, wenn man ein wenig darin herumstochert und sie seziert. Genau dies werden wir gleich mit Sätzen tun, die in Lebensbereichen wie Liebe, Beruf oder Familie häufig fallen.

Genau hinschauen

Lassen Sie die folgenden Aussagen zu den einzelnen Themengebieten in Ruhe auf sich wirken. Ihre Aufmerksamkeit verdienen insbesondere die Sätze, bei denen Sie denken »Ja, das seh' ich auch so, aber das hat doch mit Angst nichts zu tun!« Kann sein – oder auch nicht. Möglicherweise ist das, was dahintersteckt, so tief vergraben, dass Sie keinen direkten Zugang dazu bekommen. Dann folgen Sie den Hinweisen im Text, spüren in sich hinein und prüfen, ob da nicht doch eine Angst sitzt. Sollte auch das nichts Nennenswertes zutage

☙ Was betrifft Sie?

Beim Test hier geht es nur um die Aussagen, die Sie aufhorchen lassen, die von Ihnen sein könnten. Alle anderen können Sie überlesen.

fördern, probieren Sie es mit der Frage: »Wenn jemand anderer diesen Satz sagen würde – welche Gefühle könnte er damit kaschieren?« Das sorgt für die nötige Distanz, um innere Strukturen klar wahrnehmen zu können. Nun tritt vielleicht doch die eine oder andere Angst ins Bewusstsein. Sehr gut, denn nachdem sie Ihnen bewusst ist, haben Sie den Zugriff darauf und können sich davon befreien – mithilfe der weiteren Kapitel hier. Schreiben Sie also alle Ergebnisse in Ihr Notizbuch.

Einzelne Lebensthemen

Hier folgen nun einige Aussagen, hinter denen eine rationalisierte Angst stecken könnte.

Liebe und Partnerschaft

Da dieser Bereich sehr vielschichtig ist, untersuchen wir mögliche Angstvertuscher hier nach drei Rubriken. Los geht's mit Singles und ihrer Sicht auf die Partnerlosigkeit:

Single-Dasein

- »Ich fühle mich als Single so wohl – ich will gar keinen Mann/ keine Frau mehr.«
- »Männer wollen doch alle immer nur das Eine.«
- »Partnerschaften zerbrechen doch sowieso alle irgendwann.«

Kennen Sie solche Sätze von sich selbst? Dann spüren Sie in sich hinein, ob dies tatsächlich vernünftige Überlegungen sind oder ob es sich um Selbstschutz handelt, der verhindern soll, noch einmal emotional verletzt, enttäuscht, betrogen oder verlassen zu werden.

Partnersuche

- »Wenn man jemanden kennenlernt, muss man vorsichtig sein.«
- »Ein Mann soll erst mal beweisen, dass er es ehrlich meint.«
- »Es ist schwierig für mich, denn vor starken Frauen haben die meisten Männer Angst.«
- »Es ist klüger, erst einmal nicht zu sehr zu zeigen, dass man am anderen interessiert ist.«

● »Auch wenn ich jemanden toll finde – ehe ich einen Korb riskiere, beende ich das Ganze lieber.«

Nur Ihr Gefühl kann Ihnen sagen, ob dies angemessene Überlegungen sind oder Anzeichen einer Angst davor, sich vertrauensvoll zu öffnen und sich damit natürlich auch verletzlich zu machen. Wäre es nicht schade, wenn die Vorsicht die Chance auf eine echte zwischenmenschliche Begegnung verhinderte, statt nur die Risiken angemessen zu minimieren?

Doch zum Thema Partnersuche gibt es noch mehr versteckte Ängste, die hinter den folgenden Aussagen lauern könnten. Prüfen Sie, was Sie aufhorchen lässt:

● »Bei einem Date ist es mir am wichtigsten, toll auszusehen und faszinierend zu wirken. Ich will seine Traumfrau sein.«

● »Es macht mich wahnsinnig, wenn ein Mann nach einem Treffen nicht am nächsten Tag anruft.«

● »Lieber weise ich ihn selbst ab, als zu riskieren, dass er Nein sagt.

● »Männer sind nun mal nicht ernsthaft interessiert, wenn sie sich nicht intensiv bemühen.«

Wenn Sie in sich hineinfühlen, werden Sie wissen, ob dies ganz normale Gedanken bei der Partnersuche sind oder Anzeichen für die leise Befürchtung, vielleicht nicht gut, nicht schön oder nicht liebenswert genug zu sein.

Partnerschaft

● »Wir streiten so gut wie gar nicht, das muss doch nicht sein.«

● »Über Sex zu sprechen oder gewisse Dinge im Bett zu tun, ist nicht mein Stil.«

● »Meine Wünsche sind nicht so wichtig und sowieso unrealistisch.«

● »Nein, ich bin schon lange nicht mehr glücklich mit ihm, aber mich deshalb zu trennen …«

Bescheidene, friedvolle Lebenshaltung oder die Angst davor, sich mit dem Partner auseinanderzusetzen – was sagt Ihr Bauchgefühl? Wie entspannt oder angespannt fühlen Sie sich bei der Vorstellung, sich abzugrenzen, für Ihre Bedürfnisse einzutreten oder zu riskieren, dass der Partner Sie plötzlich mit anderen Augen sieht? Könnte da eine verborgene Angst vor Liebesverlust sein, wenn man die Ansprüche des Partners nicht erfüllt? Oder Hilflosigkeit bei Konflikten? Könnte da die Angst schlummern, den anderen zu verletzen, Angst vor seiner Reaktion, vor den Konsequenzen einer Trennung, vor dem Alleinsein, vor unbekanntem Neuen?

● »Wenn ich meinem Mann nicht sage, was er tun soll, klappt bei uns überhaupt nichts.«

● »Würde meine Frau mich wirklich lieben, täte sie so etwas nicht.«

● »Es macht mich wütend, wenn mein Mann nicht anruft, obwohl er es versprochen hat.«

Sind da Ihre Sätze darunter? Empfinden Sie sie als Beziehungsalltag, oder spricht da eine Angst vor Kontrollverlust? Könnten die Sätze auf die Angst verweisen, dem Partner oder dem Leben auch in widrigen Umständen zu vertrauen?

In Ihrer Partnerschaft kann es aber auch ganz andere Ängste oder einschränkende Überzeugungen geben, die Sie daran hindern, die Liebe entspannt zu genießen. In welchen Momenten spüren Sie eine innere Anspannung, eine Blockade, etwas zu sagen oder zu tun, einen Kloß im Bauch oder gar ein Gefühl der Panik? Was lässt Sie so reagieren? Sind es konkrete Situationen oder nur die Vorstellung, etwas könnte möglicherweise geschehen?

Beruf

Auch das Berufliche ist ein umfassender Bereich, in dem sich viele Ängste verstecken können. Zum Beispiel hinter Aussagen bezüglich des Auftretens.

Auftreten

● »Sich in den Mittelpunkt zu drängeln, finde ich peinlich.«

● »Bei Teamarbeit gehöre ich eher zu den stillen Denkern.«

● »Sich selbst zu loben und anzupreisen, das tut man nicht.«

Was sagt Ihr Bauchgefühl: Sind solche Sätze Ausdruck eines zurückhaltenden Naturells oder der Angst vor Blamage oder negativen Reaktionen? Auch Hemmungen, sich durchzusetzen, oder (unbegründete) Zweifel an der eigenen Kompetenz könnten sich darin zeigen.

Versagen oder Erfolg

- »Ich brauche das, bei Projekten erst in letzter Minute anzufangen, der Druck motiviert mich.«
- »Ich will die Arbeit perfekt machen, nur dann bin ich zufrieden.«
- »Eine Beförderung interessiert mich nicht, ich bin zufrieden mit dem interessanten Aufgabenfeld.«
- »In meiner Position ist es völlig normal, ständig angespannt und unter großem Druck zu sein.«

Diese Sätze können berufliche Realitäten beschreiben, aber auch unbewusste Versagensängste kaschieren. Spüren Sie eventuell Angst vor Verantwortung, Angst, Fehler zu machen oder zu scheitern, die Sorge, den eigenen Erwartungen nicht gerecht zu werden oder beruflichen Anforderungen nicht dauerhaft genügen zu können?

Karriere

Auch in Bezug auf eine Karriere oder außergewöhnliches Vorankommen kann es gut getarnte Hemmungen geben:

- »Eine Karriere möchte ich eigentlich gar nicht.«
- »Ein höheres Honorar zu fordern fände ich unangemessen.«
- »Diese ganzen Karrierefrauen sind doch eigentlich auch nicht glücklich.«
- »Wenn ich mehr Kunden hätte, könnte ich mich nicht mehr so gut um jeden einzelnen kümmern.«
- »Etwas mehr Bekanntheit und mehr Kunden wären schon schön, aber ich bin eben kein Mensch für die Öffentlichkeit.«
- »Es ist nun mal schwer, für das eigene Produkt zu akquirieren.«
- »Es macht mir nichts aus, dass nicht ich diese Position bekommen habe, sondern mein Kollege.«

Horchen Sie aufmerksam in sich hinein, ob diese Sätze lediglich von einer entspannten Grundhaltung mit klaren Prioritäten zeugen oder dahinter eine Angst vor dem Erfolg steckt. Es könnte sich hinter diesen Sätzen auch ein Erschrecken vor der Möglichkeit, das eigene Potenzial zu verwirklichen, verbergen. Oder die Sorge, den Anforderungen nicht gerecht zu werden, keine Zeit mehr für Familie, Freunde oder sich selbst zu haben, Angst vor zu viel Stress oder Druck.

Betriebsklima

- »Ich lehne Zusatzaufgaben nicht ab, meine Kollegen oder Kunden würden sonst darunter leiden.«
- »In meiner Situation ist es einfach vernünftiger, den Chef nicht durch Widerspruch zu verärgern.«
- »Der Kunde hat immer recht – so ist das ganz einfach.«
- »Meinen Mitarbeitern gebe ich keine direkten Anweisungen, ich finde es arrogant, so die Chefin raushängen zu lassen.«
- »Ich möchte, dass meine Mitarbeiter mich mögen.«

Wer dies sagt, hat vielleicht eine vernünftige Einstellung zur Sicherung von Betriebsfrieden und Kundenzufriedenheit. Aber ließen sich dahinter nicht auch verborgene Anzeichen von Konfliktscheue und Schwierigkeiten, Nein zu sagen, erspüren? Tarnen die Sätze Unsicherheiten in der Führungsrolle – die Angst vor unangenehmen Reaktionen, die Angst, nicht geliebt zu werden oder als Führungskraft nicht mehr Teil des Teams zu sein?

Wenn das Leben Ihnen die Chance bietet, mit voller Größe, Kraft und Leidenschaft Sie selbst zu sein – warum nicht zugreifen?

Zufriedenheit im Job

● »Mein Job macht mir zwar keinen Spaß mehr, aber man sollte doch schon zufrieden sein, wenn man eine sichere Arbeitsstelle hat.«

● »Ich war jetzt so lange in dieser Branche, da ist es sinnlos, sich woanders zu bewerben. Da kann ich keine Erfahrung vorweisen.«

● »In meinem Alter sollte ich das Risiko nicht eingehen, bei einem neuen Arbeitgeber eventuell die Probezeit nicht zu überstehen.«
Wenn Sie auf liebevolle Weise ehrlich mit sich sind: Zeugen diese Aussagen von einer realistischen Einschätzung der Arbeitsmarktsituation oder spricht aus ihnen Angst vor Veränderung?

Gesellschaft

Was sagen Ihnen solche Sätze?

● »Wenn man dazugehören will, muss man diese Dinge doch einfach besitzen.«

● »Ich achte sehr auf meine Figur, mein Aussehen und Styling.«

● »Was sollen denn die Leute denken, wenn ich …?«

● »Lieber nehme ich einen Kredit auf, als so zu wirken, als könne ich mir das nicht leisten.«
Normales Denken in einer Wohlstandsgesellschaft? Erspüren Sie, ob sich Ihr Körper nicht doch heimlich anspannt und Sie davon ausgehen, sich Zugehörigkeit, Anerkennung und Liebe durch Äußerlichkeiten und regelkonformes

☙ Stärker als die Norm

Wenn bestimmte Glaubenssätze sehr weit verbreitet sind und auch von den Medien propagiert werden, ist es umso schwieriger, eventuell dahinter sitzende Ängste zu entlarven. Es ist aber auch umso lohnender, weil Sie damit einen großen Schritt hin zu Ihrer Individualität und Ihrer eigenen Kraft machen.

Verhalten verdienen zu müssen. Könnte da auch die Befürchtung schlummern, nur wertvoll zu sein, wenn man über Schönheit und einen hohen Status verfügt?

Kinder

● »Ich versuche, mein Kind so zu erziehen, dass ich ohne Verbote und Strafen auskomme.«

● »Meine Kinder sollen frühzeitig selbst entscheiden, was sie in bestimmten Situationen tun wollen.«

● »Ich bin die beste Freundin meines Kindes.«

Sind diese Sätze einfach Ausdruck moderner Erziehungskonzepte, die die Eigenverantwortlichkeit des Kindes fördern wollen? Oder verbirgt sich dahinter die Sorge, vom Kind weniger geliebt zu werden, wenn man unbequeme Anweisungen gibt und klare Grenzen setzt?

Gesundheit

● »Ich esse streng nach den Richtlinien für makrobiotische/vegetarische/vollwertige Ernährung.«

● »Impfungen sind nötig.«

● »Natürlich habe ich eine Versicherung gegen Arbeitsunfähigkeit.«

● »Ärzte wissen, was mir guttut, wenn ich krank bin.«

So vernünftig all diese Sätze klingen – es lohnt, einmal zu erspüren, warum sie gesagt werden. Welche ängstlichen Überzeugungen verbergen sich eventuell dahinter? Ist es ein Zweifel, dem eigenen Körper und seinen Signalen vertrauen zu können? Ist es Angst vor unsichtbaren Bedrohungen wie Viren und Bakterien? Ein diffuses Gefühl, dass das Leben gefährlich sei? Oder die Sorge, krank zu werden, wenn man sich nicht strikt an die Vorgaben von Spezialisten hält? Wir leben in einer Gesellschaft, in der ein riesiger Industriezweig davon lebt, Ängste bezüglich der Gesundheit zu schüren. Es ist daher nicht einfach, aber dennoch wichtig, Klarheit darüber zu erhalten, in welchen Belangen man der Natur und dem Leben vertraut und wo man das (noch) nicht kann.

Was haben Sie entdeckt?

Sicher ist Ihnen aufgefallen, dass dieser Test viele Sätze beinhaltet, die weitverbreitet sind und kaum kritisch hinterfragt werden. Sie aber haben dies nun getan, waren sich selbst gegenüber ehrlich und haben die Ängste hinter den auf Sie zutreffenden Aussagen entlarvt.

Optimal motiviert

Um sich Lust auf die innere Arbeit an Ihren Ängsten zu machen, sollten Sie gleich mit einem wesentlichen Schritt beginnen: Entwickeln Sie konkrete Ziele und schreiben Sie sie in Ihr Notizbuch. Beginnen Sie mit den Ängsten, die Sie zu diesem Buch haben greifen lassen und die Sie bereits auf der Skala von 1 bis 10 bewertet haben. Egal ob es Lampenfieber, Flugangst oder Versagensängste sind – schreiben Sie jeweils dazu, wie Sie sich fühlen oder was Sie tun werden, wenn Sie einen Skalenwert von Null erreicht haben, also vollständig frei sind von dieser Angst. Tauchen Sie ein in dieses Szenario und genießen Sie das tolle Gefühl.

Falls Sie auch Erinnerungen an frühere Erfahrungen aufgelistet haben, die in Ihnen immer noch angstvolle Reaktionen auslösen, stellen Sie sich vor, wie es sein wird, wenn Sie die Rückschau darauf innerlich völlig kaltlässt. Befreiend, oder?

ℭℨ Vier Schritte zur Gelassenheit

Den Gründen für Ihre Ängste werden wir im zweiten Kapitel nachgehen, und in Kapitel 3 und 4 lernen Sie dann alle Spielarten der Mentaltechnik BSFF kennen. Insgesamt sind es nur vier Schritte zur Gelassenheit, die Sie ab Seite 122 zusammengefasst finden.

Frei von versteckten Ängsten

Nun verfahren Sie in gleicher Weise mit den Themen, die Sie bei der Untersuchung der verborgenen Ängste herausgeschält haben. Wie könnte das im Einzelnen aussehen?

Liebe

Wenn Sie Single sind und nicht mehr an die Liebe glauben, könnten Sie sich vorstellen, wie es wäre, einen Partner an Ihrer Seite zu haben und sich dabei sicher und geborgen zu fühlen.
Falls übermäßige Vorsicht oder Selbstzweifel Ihnen den Spaß am Kennenlernen neuer möglicher Partner verderben, kreieren Sie eine Zielvorstellung, in der Sie entspannt, wertschätzend und interessiert mit potenziellen Partnern umgehen. Sie sehen vor sich, wie Sie sich und dem oder der anderen vertrauensvoll Raum geben, um zu sehen, ob und welche Art von Verbindung möglich sein könnte.

Wenn Sie liiert sind, fragen Sie sich: Welches Ziel haben Sie für Ihre Liebesbeziehung? Wie sieht für Sie ein Miteinander aus, wenn Sie Ihr Herz wirklich öffnen, sich geliebt fühlen und sich dabei ganz selbstverständlich um die Erfüllung Ihrer Bedürfnisse kümmern? Oder wenn Sie die Veränderungen vornehmen, zu denen Ihr Bauchgefühl Ihnen schon längst rät?

Beruf

Stellen Sie sich vor, wie sich Ihr Arbeitsalltag ohne den Druck von Versagensängsten oder die Furcht vor Kritik gestaltet. Genießen Sie die Vorstellung, Ihren Beruf voller Selbstvertrauen und Zuversicht auszuüben. Wie geht es Ihnen in dem Gefühl, Ihr Potenzial zu nutzen, ohne sich von Misserfolgen entmutigen zu lassen? Welcher Beschäftigung gehen Sie nach, wenn Sie sich erlauben, das zu tun, was Ihnen wirklich Freude macht und Ihren Talenten entspricht? Wie gestaltet sich der Umgang mit Vorgesetzten, Kollegen, Mitarbeitern oder Kunden, wenn Sie sich souverän und sicher fühlen? Was bedeutet es für Ihre Karriere, wenn Sie die inneren Hemmnisse los sind, die Sie bislang begrenzt haben?

Gesellschaft, Kinder und Gesundheit

Verfahren Sie ebenso mit entlarvten Ängsten zu diesen Themen. Für gesellschaftliche Belange kann das heißen: Erlauben Sie sich, ein Bild zu erschaffen, in dem es sich gut anfühlt, einfach Sie selbst zu sein. Sie leben nach Ihren ganz persönlichen Spielregeln, und was die Leute denken, ist Ihnen überraschend egal. Bezogen auf die Kinder: Wie gehen Sie mit ihnen um, wenn nur noch eines zählt: dass Ihr Tun langfristig für die Kinder am besten ist? Welche Entscheidungen treffen Sie, welche Grenzen setzen Sie, sobald Sie das Bedürfnis, von Ihren Kindern in jedem Moment geliebt zu werden, loslassen? Und wie fühlt es sich an, dem eigenen Körper zu vertrauen und sich liebevoll um die eigenen Bedürfnisse zu kümmern?

Bereit für das Weitere

Nun sind Sie motiviert, Ihre Ängste anzugehen. Ihre Ziele werden Ihnen später bei der Arbeit mit BSFF-Affirmationen (ab Seite 86) helfen. Sie können Ihre Visionen nutzen, um dann wohltuende, stärkende Formulierungen zu entwickeln.

Gestalten Sie Ihre Vision

Sie können auch eine Collage erstellen. Suchen Sie dafür in Zeitschriften Bilder, Worte oder Symbole, die Ihrer inneren Wunschrealität entsprechen. Kleben Sie sie auf ein großes Blatt Papier. So sehen Sie immer vor sich, wohin Sie wollen.

Warum haben wir
eigentlich Angst?

Eine Reise durch *Hirn und Unterbewusstsein*

AUCH WENN WIR UNS HIER primär damit beschäftigen, Ängste loszulassen, ist es doch wichtig, sich vor Augen zu führen: Das Gefühl der Angst gehört zur Grundausstattung des Menschen. Anders gesagt: **Die Angst ist Ihre Freundin und hat die Funktion, Ihr Überleben zu sichern.** Vollständige Angstfreiheit ist kein wünschenswerter Zustand. Schön wäre hingegen, etwas mehr Einfluss auf sie nehmen zu können. Das kann über die Ratio geschehen, weil Angst eine Dramaqueen ist, die auch in objektiv ungefährlichen Situationen Gefühle und körperliche Reaktionen auslöst, als seien Leib und Leben in Gefahr. Dann hilft es, sich bewusst zu machen, was gerade real ist.

Dabei bleiben wir aber nicht stehen. Häufiger Auslöser sind nämlich unbewusste Konditionierungen: Die aktuelle Situation erinnert dann an unverarbeitete schmerzvolle Erfahrungen aus der Vergangenheit, und wir erleben plötzlich die gleichen intensiven Emotionen wie damals. **Die Angst möchte uns nur warnen** und dafür sorgen, dass wir das Richtige tun. Wir aber fühlen uns wie gelähmt … Glücklicherweise eröffnet eine **neugierige Ursachenforschung** Wege aus der Angst. Gehen wir also den tieferen Zusammenhängen nach – auf unserem Weg zu entspannter Gelassenheit.

Die Angst des emotionalen Gehirns

Während das bewusste Denken in einem entwicklungsgeschichtlich jungen Teil des Gehirns stattfindet, der Großhirnrinde, hat die Angst ihren Ursprung in einem sehr viel älteren Gehirnteil, dem limbischen System. Man nennt es auch das emotionale Gehirn. Die Informationsverarbeitung darin läuft weitaus schneller ab als in der Großhirnrinde. Genau dies kann uns in heiklen Situationen, in denen es auf blitzschnelle Reaktionen ankommt, das Leben retten. Denn unser Angstzentrum, die Amygdala, löst in Gefahrensituationen den Reflex Kampf oder Flucht aus, ohne dass wir erst lange nachdenken müssten.

Körperlich spürbar

Da das emotionale Gehirn auch für Körperfunktionen wie Atmung, Herzschlag, Blutdruck, Verdauung und Immunsystem zuständig ist, reagieren wir bei Angst mit körperlichen Symptomen. Wenn Sie eine Rede halten sollen und spüren, dass Ihr Herz heftig klopft, ist hierfür Ihr emotionales Gehirn verantwortlich. Dummerweise lässt es sich nur begrenzt beeinflussen. Zumindest ein Teil unserer Gefühle ist also unkontrollierbar.

Allzu menschlich

Es ist entlastend und wohltuend, sich mit seinen Ängsten und anderen Gefühlsturbulenzen selbst anzunehmen und damit Frieden zu schließen. Wir alle haben Ängste und andere belastende Gedanken oder Gefühle. Leugnen oder verurteilen wir diesen Teil unserer selbst, verschwindet er nicht – wir produzieren damit lediglich weitere Probleme: Druck durch Selbstkritik und Selbstverurteilung. Sie werden deshalb bei der Arbeit mit diesem Buch merken, um wie vieles leichter es sich bereits anfühlt, wenn Sie sich Ihre Ängste anschauen und sich erst einmal zugestehen.

Was ist wirklich gefährlich?

Wie schön wäre es, würde unser Angstzentrum nur dann aktiv werden, wenn eine reale Gefahr vor uns steht, beispielsweise ein wildes Tier. Dies aber würde erforderlich machen, dass die Amygdala bewusst denkt und unterscheiden kann, was eine echte Bedrohung ist und was nicht. Just dazu ist sie jedoch nicht in der Lage – das kann nur die Großhirnrinde. Das Angstzentrum kann nicht einmal unterscheiden, ob es sich bei der Bedrohung um etwas Reales, einen Fernsehfilm oder eine Vorstellung handelt. Sie schlägt gleichermaßen Alarm und will uns retten.

Ein Beispiel: Sie stellen sich vor, wie Sie vor einem Saal voller Menschen stehen, um eine Rede zu halten. Wenn Sie unter Redeangst leiden, wird schon die bloße Vorstellung des Szenarios bei Ihnen weiche Knie, einen Kloß im Hals oder Gedanken wie »Ich werde etwas stammeln, und alle werden mich auslachen« hervorrufen. Ganz so als stünden Sie bereits vor dem Publikum. Denn Ihr Mandelkern, wie die Amygdala auch heißt, kann Fantasie und Realität nicht unterscheiden.

Erschreckend real

Ähnliches haben Sie sicherlich schon oft bei Kinobesuchen oder beim Fernsehen erlebt: Sie schauen sich einen Film mit für die Helden bedrohlichen Szenen an. Wird der Film wirklich fesselnd, zieht er Sie in seinen Bann und damit hinein in die Assoziation mit den Helden. Und plötzlich erleben Sie alle Ängste inklusive der körperlichen Reaktionen der Filmfiguren. Die Ratio ist in den Hintergrund getreten und Ihr Mandelkern hat die Kontrolle übernommen. Dies tut das emotionale Hirn ohnehin gern, und im Kampf zwischen bewusstem Verstand und Gefühl siegt meist Letzteres. Logisch und sinnvoll, wenn man bedenkt, dass das emotionale Gehirn für unser Überleben mit verantwortlich ist.

Angst als Überlebenshelfer

Wir leben in Mitteleuropa in einem Umfeld, in dem wir weder von Krieg, wilden Tieren oder Naturkatastrophen noch vom Hungertod bedroht werden. Man könnte meinen, eigentlich gäbe es keinen realen Grund für Überlebensängste.

Moderne Ängste

Aber schauen wir unseren Alltag genauer an, ist er voll von Auslösern für Urängste: In den Medien sehen wir Berichte über Seuchen wie die Vogelgrippe, möglicherweise erhalten wir oder Menschen aus unserem Umfeld den Befund einer lebensbedrohlichen Krankheit, auf der Autobahn gefährden uns dicht auffahrende Drängler, und ein drohender Arbeitsplatzverlust oder eine katastrophale Auftragslage bei Selbstständigen lösen Existenzängste aus. Mit all diesen Bedrohungen und den extremen Gefühlen, die sie auslösen können, gilt es umzugehen.

Angst als Freund

Angst kann auch ein guter, hilfreicher Freund sein, wenn es nicht um Ihr physisches Überleben, sondern

Grundregel: Ruhe

Entscheidend ist, in Angstmomenten das Emotionszentrum ausreichend zu beruhigen, damit der bewusste Verstand die Kontrolle übernehmen, den Grad der Gefährdung einschätzen und über sinnvolle Maßnahmen entscheiden kann. Auch dies werden Sie im dritten Kapitel lernen. Es wird Sie in die Lage versetzen, Ihre Ängste weit genug aufzulösen, um wieder handlungsfähig zu sein, statt sich gelähmt oder blockiert zu fühlen. Damit verschwindet auch die Angst vor der Angst.

lediglich um eine heikle Situation geht. Die Angst ist dann jemand, der Sie vor einer Fehlentscheidung warnt oder verhindert, dass Sie in einer schwierigen Situation blauäugig agieren. Oder sie ist die Stimme Ihrer Intuition, die Sie vor einem Risiko warnt, das die Ratio nicht erkannt hat. Ihre Intuition kann viel mehr wahrnehmen als Ihr bewusster Verstand. Wenn es beispielsweise im Gespräch mit einem Fremden in seiner Mimik oder Gestik subtile Anzeichen dafür gibt, dass er es nicht ehrlich meint, kann Ihr scheinbar irrationales Gefühl von Angst vor näherem Kontakt der Hinweis darauf sein.

Vielfältiger Ratgeber

Wenn es komplexe Herausforderungen sind, die beunruhigend auf Sie wirken, will Ihre Angst Ihnen vielleicht auch nur sagen: »Schau dir das Ganze etwas genauer an und mach dich schlau!« Sie stehen möglicherweise vor einer umfangreichen beruflichen Aufgabe, einer privaten Veränderung oder haben gerade erfahren, dass Sie unter einer bestimmten Krankheit leiden. Erst einmal ist das alles äußerst besorgniserregend, denn Sie tappen im Dunkeln. Deshalb ist das Hilfreichste jetzt Informationsbeschaffung. Je mehr Sie über das wissen, was da auf Sie zukommt, desto klarer wird das Bild und desto eher beherrschbar wird die Situation. Sie haben es plötzlich nicht mehr mit einem schemenhaften Gegner zu tun, sondern sehen deutlich, worum es geht und welche Möglichkeiten Sie haben, um die Situation bestmöglich zu gestalten. Anders gesagt: Die Angst hat Sie motiviert, für Klarheit zu sorgen und damit die Position des Opfers zu verlassen – Sie gehen in die Rolle des bewussten Schicksalsgestalters. Ein Grund mehr für Sie, Ihren Ängsten mit Neugier und Offenheit zu begegnen, sie zu durchleuchten, sie zu erforschen und damit auch alle Geschenke anzunehmen, die die Ängste für Sie bereithalten.

Die Mechanismen des Kopfkinos

»Uiuiui, was da alles passieren kann«, sagt eine Stimme in uns, wann immer wir vorhaben, einen Schritt ins Unbekannte zu tun, und schon beginnt es in uns zu arbeiten. Alle möglichen unerfreulichen Folgen unseres Tuns fallen uns ein, die wir als Bilder, Film, innere Stimmen oder körperliches Empfinden wahrnehmen. Anders gesagt: Wir entwickeln eine Angstfantasie. Rational betrachtet ist das einfach nur eine Vermutung darüber, was passieren könnte. Und es sollte leicht zu erkennen sein, ob sie realistisch ist oder nicht. Unglücklicherweise regiert bei solchen Angstfantasien aber wieder unser Emotionszentrum, das den Verstand lahmlegt. Deshalb kann es leicht dazu kommen, dass sich die Fantasien verselbstständigen und zum Horrormovie steigern.

Übung: Klare Analyse

- Denken Sie an eine Handlung, die Sie beängstigend finden und vor der Sie normalerweise zurückschrecken. Schon die Vorstellung löst vielleicht intensive Emotionen bei Ihnen aus.
- Egal, ob Sie Bilder, eine Art Film, einen inneren Dialog oder körperliche Sensationen wahrgenommen haben – analysieren Sie die Struktur des Erlebten, indem Sie das Ganze in Zeitlupe ablaufen lassen und jedes einzelne Element betrachten.
- Nachdem Sie jetzt den Aufbau Ihrer Angstfantasie kennen, fragen Sie sich: Wie viel von dieser Fantasie ist realistisch? Wie groß ist die Wahrscheinlichkeit, dass die Vorstellung genau so eintritt? Was kann ich tun, um damit umzugehen?

In der Folge vermeidet man es, den anvisierten Schritt überhaupt zu versuchen. Man bringt sich damit um die Chance, zu erleben, dass das Ganze gar nicht schlimm ist. Schon der forschende Blick auf diese Mechanismen kann aber eine Veränderung bewirken. Denn jetzt regiert nicht mehr die Amygdala, sondern der ratio-gesteuerte Betrachter. Das nimmt der Angst viel von ihrer Macht und gibt Ihnen die Möglichkeit, das Vorhaben vielleicht doch zu versuchen. Super! Denn Sie brauchen das Erfolgserlebnis, die Herausforderung meistern zu können, um die Angstspirale zu durchbrechen. Die Abläufe zu verstehen und das Angstzentrum mit Mentaltechniken zu beruhigen, das macht den Ausstieg aus dem Angstkreislauf möglich. Nun gehen wir gleich noch einen Schritt weiter und versuchen herauszufinden, wodurch die lähmenden Denkmuster und Assoziationen, die den Angstfilm kreiert haben, entstanden sein könnten.

Die Macht negativer Erfahrungen

Jeder von uns macht im Laufe seines Lebens unzählige Erfahrungen, die schmerzvoll, erschreckend oder in anderer Hinsicht negativ sind. Vieles verarbeiten wir gut, was bedeutet, dass es dann keinen Einfluss auf unser weiteres Leben hat. Bei manchen Erlebnissen aber gelingt dies nicht, und sie verursachen dann massive Ängste.

Alte Bande lösen

Sich von dieser emotionalen Bürde wieder zu befreien, ist relativ einfach, wenn es der Gedanke an diese Ursprungserfahrung ist, bei dem man sofort emotional reagiert. Wenn es also Erinnerungen gibt, die heute in der Rückschau noch genauso intensive Gefühle in Ihnen auslösen wie damals, als das Geschehen stattfand, ist das gut lösbar. Denn bei solch offensichtlichen Verquickungen von Ursache und Angst ist die Mentaltechnik BSFF besonders erfolgreich. Eine Frau hatte beispielsweise Angst, Männern zu vertrauen, seit ihr letzter Partner sie mehrfach mit Internetbekanntschaften betrogen hatte. Es war lediglich erforderlich, den Moment, als die Untreue offensichtlich wurde, und die daraus resultierenden Glaubenssätze zu bearbeiten, damit sie Männern gegenüber wieder zugänglicher wurde. Oder das Beispiel Redeangst: Wenn Ihre Hemmungen, vor fremden Menschen zu sprechen, darauf basieren, dass das Ganze früher einmal fürchterlich schiefgegangen ist, können Sie sich freuen: Solche klaren Ursache-Wirkung-Ketten lassen sich schnell durchbrechen. Sie erkennen sie an Gedanken wie »Und wenn ich mich wieder so blamiere wie damals!«

Verdeckte Ursachen

Herausfordernder wird die Befreiung von Ängsten, wenn ihre Wurzeln im Dunklen liegen. Eine junge Frau beispielsweise litt unter extremen Verlassenheitsängsten. Wann immer ihr Freund später als angekündigt nach Hause kam, machte sie ihm eine heftige Szene. Erst bei einer detaillierten Ursachenforschung erfuhr die Frau von ihrer Mutter, dass sie im Alter von fünf Jahren für eine Zeit zu Verwandten ins Ausland gegeben worden war. Die Trennung von der Mutter, ihrer wichtigsten Bezugsperson, hatte bei dem Mädchen extreme Ängste ausgelöst. Genau an diese alte Wunde rührte ihr Partner ungewollt mit seinen Verspätungen. Wenn seine Freundin deswegen tobte und ihn anschrie, war sie keine erwachsene Frau, sondern ein fünfjähriges Mädchen mit Todesangst.

Als die Ursache der extremen emotionalen Reaktion aufgedeckt war, konnten wir per Mentaltechnik darauf einwirken. Kurz darauf war der Spuk vorbei, die junge Frau war in der Lage, die Zeit bis zur Rückkehr ihres Freundes entspannt für eigene Interessen zu nutzen.

Wissenschaftlich erklärbar

Wie sind solche Erfolge möglich?
Nach dem aktuellen Stand der
Wissenschaft scheint es so zu sein,
dass die traumatische Erfahrung
des kleinen Mädchens eine Neurotransmitterverknüpfung im Gehirn
verursacht hat: und zwar zwischen
dem Emotionszentrum und dem
Hippocampus, der Schnittstelle
zwischen Kurzzeit- und Langzeitgedächtnis. Diese neuronale Brücke
verbindet die Emotionen des Ver-
lassenwerdens in der frühen Kindheit mit jeder Situation im Hier
und Heute, die dem auch nur an-
nähernd ähnelt. Durch den Einsatz
der Mentaltechnik wird die neuronale Verbindung beseitigt. Und
damit ist es dann auch vorbei mit
der automatischen Reaktion auf
den Auslöser.

Was war damals los?

Damit auch Sie mit der Mentaltechnik aus Kapitel 3 unerwünsch-
te Verknüpfungen in Ihrem Hirn
auflösen können, ist es hilfreich,
die Ursprungserfahrung zu identifizieren. Vielleicht ist sie Ihnen
schon bekannt? Wie ist das bei den
Ängsten, mit denen Sie hier arbeiten wollen? Wissen Sie, woher sie
stammen? Wenn ja, dann notieren
Sie das jeweils ursprüngliche Erlebnis zur entsprechenden Angst in
Ihr Notizbuch.

Fragen stellen

Falls Ihnen nicht auf Anhieb ein-
fällt, was Ihre Angstreaktionen verursacht haben könnte, gibt es die
Übung: Fragen über Fragen – Sie
finden sie auf Seite 30.

Erahnen Sie schon die innere Freiheit und den neuen Lebensmut, die Sie durch die Arbeit an Ihren Ängsten erlangen können?

 Übung: Fragen über Fragen

Stellen Sie sich die folgenden Fragen und spüren Sie dabei in sich hinein, ob Bilder, Assoziationen, Erinnerungen oder auch Erkenntnisse in Ihr Bewusstsein treten. Notieren Sie sie.

- Woran erinnert Sie diese Art von Angst oder diese Angst auslösende Situation? Wann haben Sie sich schon einmal so gefühlt?

- Wie lange begleitet diese Angst Sie schon? Gehen Sie auf der Zeitachse Ihres Lebens schrittweise in die Vergangenheit und überprüfen Sie an jeder Station, ob Sie damals schon unter dieser Angst litten.

- Wenn Sie schließlich an einen Punkt kommen, an dem es diese spezielle Angst für Sie noch nicht gab, haben Sie hiermit ein Zeitfenster identifiziert, in dem etwas für Sie Dramatisches passiert sein muss. Gut möglich, dass Ihr Gedächtnis jetzt bereits überraschend die gewünschte Information preisgibt.

- Wenn dies nicht passiert, versuchen Sie zu spüren, wie alt Sie sich im Moment der größten Angst fühlen. Sind Sie ein kleines hilfloses Kind? Ein verunsicherter Teenager? Oder schon erwachsen?

- Falls sich hinter Ihrer Angst ein anderes Gefühl oder Thema verbirgt, was könnte das sein? Spekulieren und mutmaßen Sie, bis Sie eine Antwort finden, die Sie innerlich berührt. Jetzt haben Sie eine Spur, die Sie weiterverfolgen können.

- Eine andere mögliche Frage: Gibt es in Ihrem Leben eine Person, der Sie – hätten Sie heute die Wahl – lieber nicht begegnet wären und die etwas mit der Angst zu tun haben könnte?

Andere Wege zur Ursache

Es kann sein, dass reines Nachdenken nicht Ihr persönlicher Weg ist, um Zugang zu den alten Erfahrungen zu erhalten. Vielleicht sind Sie jemand, der sich eher intuitiv leiten lässt, der in dieser Weise lieber schreibt oder aber mit Mindmaps arbeitet. Auch das kann bestens funktionieren.

Übung: Kreativ zur Ursache der Angst

Variante 1: »Es schreibt Sie«

- Beschreiben Sie so genau wie möglich das angstbesetzte Szenario und Ihre körperliche Reaktion. Schreiben Sie alles auf, was aus Ihnen herausfließen will. Bewerten Sie nichts, verkneifen Sie sich nichts, lassen Sie alles zu. Irgendwann werden Sie erleben, wie Sie schreiben, ohne zu denken. »Es« schreibt Sie.
- Erst dann beginnen Sie, die sichtbar gewordenen Informationen zu analysieren.

Variante 2: »Das Gedankennetz«

- Wenn Sie statt in vollständigen Sätzen lieber in Begriffen und Assoziationsketten denken, ist eine Mindmap der passende Zugang zu Ihrem Unterbewusstsein. Greifen Sie zu einem großen Blatt Papier und benennen Sie in einem Kreis in der Mitte Ihre Angst, beispielsweise »Angst vor der Wut meines Chefs«.
- Drumherum schreiben Sie nun Begriffe, die Sie damit assoziieren, und verbinden Sie jeweils durch eine Linie mit dem Mittelkreis. Verfahren Sie in gleicher Weise mit jedem dieser Begriffe weiter außen. Lassen Sie Ketten und Netze aus Ihren Assoziationen entstehen. Gut möglich, dass Sie in ihnen Antworten auf die Frage nach dem Ursprung Ihrer Angst finden.

Thema Selbstwertgefühl

Bei Ängsten, Hemmungen und Unsicherheiten, die im weitesten Sinne etwas mit einem niedrigen Selbstwertgefühl zu tun haben, ist die Ursachenbestimmung etwas komplexer. Häufig werden diese Probleme nicht durch eine einzige, klar umrissene Erfahrung hervorgerufen, sondern durch eine Vielzahl von Erlebnissen in der Kindheit. In diesem Fall gibt es zwei Zugangsmöglichkeiten: Sie wählen aus der Fülle der Erinnerungen eine aus, die repräsentativ für das ist, was Sie erlebt haben, und die für Sie mit starken negativen Gefühlen verbunden ist. Genau diese Erinnerung werden Sie dann später mit der Mentaltechnik bearbeiten. Das kann bereits eine deutlich spürbare Veränderung bewirken.

Glaubenssätze lösen

Alternativ können Sie auch den Weg über die Glaubenssätze wählen. Glaubenssätze sind tief verinnerlichte Überzeugungen darüber, wer Sie sind oder wie das Leben funktioniert. Im ersten Kapitel haben Sie bereits einige

Typische Glaubenssätze

- »Nur wenn ich perfekt bin, bin ich liebenswert.«
- »Ich bin es nicht wert, glücklich und erfolgreich zu sein, geliebt zu werden.«
- »Ich bin nicht wichtig.«
- »Meine Bedürfnisse sind nicht wichtig.«
- »Ich muss beweisen, dass ich gut genug bin.«
- »Liebe tut weh.«
- »Das Leben ist anstrengend und gefährlich.«
- »Man kann keinem trauen.«
- »Ich darf keinerlei Schwäche zeigen.«

solche Sätze kennengelernt, beispielsweise »Männer haben Probleme mit starken Frauen« oder »Wenn ich nicht toll aussehe und bestimmte Statussymbole besitze, bin ich nicht liebenswert.«
Oft entstehen solche Überzeugungen ungewollt als Rückschluss auf eine Summe unerfreulicher Erfahrungen. Weil sie im Unterbewusstsein verankert sind, werden sie als wahr empfunden und gar nicht mehr kritisch hinterfragt.
Auch Glaubenssätze lassen sich mit Mentaltechniken auflösen, zuvor aber gilt es sie zu identifizieren. Sie finden im Kasten auf Seite 32 eine Sammlung besonders häufig anzutreffender Glaubenssätze. Prüfen Sie, wie es Ihnen beim Lesen dieser Sätze geht. Welche sprechen Sie an, beschreiben Ihre innere Realität oder fühlen sich einfach wahr an? Vervollständigen Sie diese Liste mit all den Glaubenssätzen, die Ihr Leben bestimmen. Viele solcher persönlichen Wahrheiten sind dafür verantwortlich, dass wir uns

verkehrt, wenig liebenswert, hilflos, bedroht und unsicher, kurz: ängstlich fühlen. Umso besser, wenn Sie all dies loslassen können.

Überzeugungen aus der Kindheit
Eine Frau litt unter einer Vielzahl von Ängsten. Sie tat lieber gar nichts, als einen Fehler zu riskieren, rang gleichzeitig aber auch um Anerkennung. Diese Situation hatte ihre Wurzeln in der Kindheit, in der ihre Mutter sich so gut wie gar nicht um sie kümmerte. Die wenigen Gespräche waren Diskussionen darüber, was das kleine Mädchen alles falsch machte. So verinnerlichte es Botschaften wie »Du bist schwierig« und »Du machst nichts richtig«. Kein Wunder, dass aus dem Mädchen später eine Frau wurde, die sich schwer im Umgang mit Menschen tat und in einem Grundzustand ängstlicher Anspannung lebte. Aber zwei Sitzungen mit verschiedenen Mentaltechniken (ab Seite 50) reichten aus, den Bann der Kindheit zu brechen.

Die Macht fremder Glaubenssätze

Vielfach verinnerlichen wir in jungen Jahren ungewollt die Überzeugungen unserer Familie und lassen auch unser Erwachsenen-Ich von diesen Sätzen fremdsteuern. Und dies in einem wirklich erstaunlichen Umfang und in Lebensbereichen, in denen wir gar nicht damit rechnen würden.

Fragliches Erbe

Eine Vorstandsvorsitzende beispielsweise hatte im Beruf ständig Angst, etwas falsch zu machen, was bei ihr einen starken inneren Druck auslöste. Sie fühlte sich erschöpft und müde, obwohl ihr effektives Arbeitspensum gar nicht so ungewöhnlich war. Was ihr die Energie raubte, war die ständige Sorge um mögliche Fehler. Dabei war sie bestens qualifiziert. Ihre Ängste blieben ihr völlig unbegreiflich. Erst beim Blick in ihre Kindheit fand sich die Lösung: Sie hatte einige Jahre bei ihrer Großmutter verbracht, die bei vielen Gelegenheiten mit angsterfüllter Stimme gesagt hatte: »Wir sollten das korrekt machen, sonst könnte etwas passieren!« Dies war es, was den Arbeitsalltag der heute Erwachsenen so anstrengend machte. Nach dieser überraschenden Erkenntnis brauchte es nicht lang, um die Großmutterstimme mittels Mentaltechniken aus dem Kopf der Frau zu vertreiben. Ergebnis: Sie konnte endlich entspannt, mit Freude und Elan arbeiten.

Noch ein Beispiel aus der Praxis

Eine Journalistin hatte große Hemmungen, für sich selbst einzutreten und Grenzen zu setzen. Lieber schluckte sie ihre Unzufriedenheit herunter, wenn ihre Umwelt wieder einmal ihre Wünsche ignoriert hatte. Das ging meist so lange, bis der Frust zu Wut wurde und sie explodierte. Als sie ihrer Angst auf den Grund ging, stieß sie auf einen Glaubenssatz, den sie immer wieder in Bezug auf Menschen, die Rückgrat zeigten, gehört hatte: »Das tut man nicht, das gehört sich nicht.« Eine massive innere Bremse. Diese ließ sich gut mit Mentaltechniken lösen, und die Journalistin war endlich in der Lage, angstfrei Nein oder »Genau so möchte ich es haben« zu sagen.

Der innere Kritiker

Bei vielen Menschen schlüpfen die früher gehörten fremden Stimmen in die Rolle eines inneren Kritikers, der ständig ermahnt, kritisiert, warnt, Vergleiche mit anderen anstellt, Perfektionismus fordert und antreibt. Wenn auch in Ihrem Kopf solch ein innerer Kritiker sitzt, ist er Ihnen wahrscheinlich längst so sehr vertraut, dass Sie den Ursprung seiner Aussagen nicht mehr hinterfragen. Wenn Sie aber seine Botschaften sezieren, fällt Ihnen vielleicht so etwas ein wie »Meine Mutter hat das immer gesagt« oder »Genau diese Haltung war typisch für meinen Vater«. Notieren Sie all das in Ihrem Büchlein.

Übung: Fremde Stimmen

- Könnte Ihre wichtigste Angst vielleicht das Ergebnis fremder Stimmen sein, die Sie unbewusst zu Ihrer eigenen Überzeugung gemacht haben?
- Welche Sätze fallen Ihnen spontan ein, wenn Sie sich Ihre Eltern und deren Lebenseinstellung vor Augen führen? Welche Aussagen haben Sie immer wieder zu hören bekommen? Entdecken Sie einen Zusammenhang zwischen dem, was Ihre Eltern Ihnen mitgegeben haben, und Ihrer aktuellen Angst? Welche anderen Menschen gab es in Ihrem Leben, deren Sätze Sie übernommen haben könnten?

Übung: Was sind Ihre Themen?

Welche Sätze haben Sie als Kind oft gehört und in Ihrem Unterbewusstsein verankert? Zur Anregung finden Sie hier einige Aspekte, zu denen in Familien meist eine bestimmte Haltung vermittelt wird. Achten Sie darauf, was Sie spontan anspricht und Sätze in Ihr Bewusstsein zieht, die Sie schon lange insgeheim begleiten.

1 Sie selbst: Ihr Wert, Ihre Intelligenz, Ihr Äußeres, Ihre Begabungen, Ihr Wesen, Ihr Verhalten, Ihre Entscheidungen …

2 das Leben an sich: un-/gefährlich, un-/sicher, Chancen, Freiheiten, Pflicht, Zwänge, Leben als Kampf/Freude, Sicherheit, Verantwortung, Selbstentfaltung …

3 Gesellschaft: Verbote, Regeln, dazugehören müssen, Vergleiche mit anderen, Status, Wettbewerb, Anerkennung, Solidarität, Werte, der Stärkere gewinnt, Terror und Krieg, Klassenzugehörigkeit, Religionen und Nationalitäten …

4 Geld: muss hart verdient werden/kommt mühelos, Sicherheit, Macht, wichtig/unwichtig, verdirbt den Charakter, Unredlichkeit, Selbstverständlichkeit, Selbstwert, Freude, Möglichkeiten, Belastung, Staat/Steuern …

5 Arbeit: Pflicht, Freude, Beruf/Berufung, Lebensunterhalt/Selbstentfaltung, »die da oben«, Fehler, Perfektionismus, Berufswahl, Karriere, Kind und Beruf, Kollegialität, Unternehmertum, Sicherheit als Beamte, Werte, Kundensuche …

6 Frausein: Hausfrau, Mutter, Karrierefrau, Macht, Attraktivität, Abhängigkeit/Autonomie, Doppelbelastung, Wert mit/ohne Mann, eigener Besitz, Nein sagen / eigene Bedürfnisse hinten anstellen, helfen, vermitteln, Freundschaften, Stärke/Hilflosigkeit, Weiblichkeit, Erotik, Sex, Lust, Durchsetzungskraft …

7 Mannsein: Partner, Familienoberhaupt, Versorger, Beschützer, Status, Alkohol, Gewalt, Kommunikationsfähigkeit, Bezug zu Kindern, Präsenz/Abwesenheit, Macht, Anstand, Treue …

8 Liebe: dauerhaft / bald wieder vorbei, Lebenssinn, ewige Glückseligkeit, grauer Alltag, Kampf, Verletzungen, Fürsorge, Enttäuschungen, Streit/Harmonie, Freundschaft, Geborgenheit, Sex, Treue/Untreue, Familie …

Für Ihre Praxis: Grübeln Sie nicht lang, sondern lassen Sie sich einfach von der Erkenntnis überraschen, welche Sätze zu diesen Themen Ihr Denken, Fühlen und Handeln in einschränkender Weise bestimmen. Beispiel Frausein: Bis heute werden viele Frauen noch davon geleitet, hübsch, nett und perfekt sein zu müssen, um geliebt zu werden. »Sei brav, dann habe ich dich lieb« ist ein Satz, den Mädchen häufig zu hören bekommen und der Ängste in vielen Lebensbereichen mit sich bringen kann. Stellen Sie sich vor, Sie gingen mit solch einer Überzeugung in ein entscheidendes Kundengespräch. Es ginge dann nicht mehr um die Sache, sondern um den persönlichen Wert. Ein Nein des Gegenübers hieße dann nicht »Dies sehe ich nicht so«, sondern »Sie sind kein liebenswerter Mensch«. Kein Wunder, wenn viele Frauen vor einem starken Auftreten zurückschrecken … Sie sehen, wie wichtig es ist, solche Punkte herauszuarbeiten. Erst dann können die Ängste gelöst werden.

Belastende Erwartungen

Es passiert gelegentlich, dass wir uns gegen alte Grundsätze entscheiden, entsprechend handeln und uns dann schuldig fühlen, weil wir die Familienerwartungen nicht erfüllt haben. Schuld ist dann die Kehrseite von Angst und ein Indikator für die prägenden Stimmen, die immer noch in uns wirken.

Zu sich stehen

Eine Projektleiterin machte diese Erfahrung, als sie sich entschloss, ihre sinnliche Weiblichkeit sichtbarer auszudrücken. Einerseits genoss sie es, ihre Freude am Frausein endlich zu zeigen, andererseits verurteilte sie sich dafür. Denn in ihrer Familie hatte es eine Tante gegeben, die sich ebenfalls erotisch gekleidet und gern geflirtet hatte und deswegen als »Schlampe« tituliert wurde. Erst als die Projektleiterin diese alte Assoziation bewusst losgelassen hatte, konnte sie uneingeschränkt zu ihrem weiblichen Selbstausdruck stehen.

Medien und Marken

Die inneren Stimmen müssen nicht zwingend von Familienmitgliedern stammen, auch die Medien, die Werbung und manchmal selbst Freundinnen pflanzen subtile Botschaften in unseren Kopf. Wenn Sie glauben, ohne die Handtasche eines bestimmten Luxuslabels nicht dazuzugehören, ist die entsprechende Kaufentscheidung angst- und fremdbestimmt. Wählen Sie

> *Natürlicherweise wollen wir von anderen anerkannt werden. Noch glücklicher macht es aber, sich selbst mit all seinen Facetten anzuerkennen und zu mögen.*

die Tasche hingegen, weil Sie sie unabhängig vom Image schön finden, handeln Sie souverän.

Sie sehen, es geht hier vor allem um den analytischen Blick auf die Ängste und ihre Auslöser, damit Sie sich davon Stück für Stück befrei-en können. Je mehr Psychomüll Sie aus Ihrem Kopf putzen, desto mehr werden Sie zum Chef Ihres Lebens. Das bedeutet Eigenverantwortung, aber auch Leichtigkeit, Lebendigkeit, Kraft, Mut und Selbstentfaltung. Klingt gut? Dann los!

Übung: Glaubenssätze zurückgeben

Mit dieser Übung geben Sie einen hinderlichen Glaubenssatz an den Urheber zurück.

- Sie wählen einen quälenden Glaubenssatz und sehen sich selbst mit einem Gefäß in Ihren Händen, in dem sich dieser Satz befindet. Von ihm werden Sie sich jetzt befreien.

- Stellen Sie sich vor, dass die Person, von der Ihr hinderlicher Glaubenssatz stammt, vor Ihnen steht. Spüren Sie in sich hin-ein: Wie geht es Ihnen bei dem Gedanken, den Glaubenssatz, der nicht der Ihre ist, zurück-zugeben? Sind Sie bereit?

- Wenn ja, dann fragen Sie den Urheber des Glaubenssatzes, ob er jetzt bereit ist, ihn wieder zurückzunehmen. Stimmt er zu, überreichen Sie ihm das Gefäß und danken ihm dafür, dass er es jetzt an sich nimmt.

- Wenn Sie das Bedürfnis danach verspüren, nehmen Sie einander in den Arm und beob-achten dann, wie sich Ihr Gegen-über mit dem Gefäß samt dem angsteinflößenden Satz umdreht, davongeht und schließlich ver-schwindet. Und Sie spüren: Mit dem Menschen verschwindet auch Ihr altes inneres Muster.

Übung: Glaubenssatz und Widerwille

Diese Form der Übung nutzen Sie, wenn die Art von Seite 39 nicht funktioniert. Beginnen Sie wie dort beschrieben.

- Sie sehen sich mit dem Gefäß, ob Schatulle, Krug oder Kiste. Geben Sie sich Zeit, bis Sie den Menschen, dem der Glaubenssatz gehört, vor Ihrem inneren Auge erkennen können. Sie sind in dieser Übung völlig sicher und haben genau den Abstand zu dem anderen, den Sie wollen.

- Haben Sie Zweifel, ob es Ihnen zusteht, frei von dem »Familiensatz« zu sein? Fragen Sie Ihr Gegenüber, ob es damit einverstanden ist, dass Sie sich von dem Satz trennen, um glücklicher zu sein. Wenn Sie die Zustimmung erhalten, übergeben Sie das Gefäß. Im Fall einer Ablehnung erklären Sie der Person, dass Sie sie wertschätzen, es für Ihren weiteren Lebensweg und Ihre Entfaltung aber wichtig ist, das Gefäß mit dem Satz jetzt zurückzugeben. Bleiben Sie dran, bis Sie die Zustimmung erhalten.

- Sollte die Person grundsätzlich einverstanden sein, aber noch zögern, fragen Sie nach den Gründen. Eventuell möchte Ihnen Ihr Gegenüber erst noch etwas sagen. Dann klären Sie miteinander, was zu klären ist.

- Stellen Sie sich ganz klar vor, wie Sie der Person das Gefäß übergeben und sie es entgegennimmt. Dann geht sie davon.

- Wie fühlt es sich jetzt an, da Sie erlöst von dieser inneren Begrenzung sind? Häufig reagiert der Körper. Es könnte sein, dass Ihre Schultern sich wie von einer Last befreit anfühlen oder sich ein Knoten in Ihrem Bauch zu lösen beginnt.

Angst durch Stress

In unserem Leben gibt es leider immer wieder Momente, in denen wir Angst haben, weil wir bedroht oder unter Druck gesetzt werden oder die Konsequenzen eines Scheiterns eine Katastrophe bedeuten würden. Es kann eine Kündigung sein, mit der der Chef droht, falls wir ein bestimmtes Projekt nicht erfolgreich bewältigen. Oder wir drehen innerlich fast durch, weil wir den Job, um den wir uns bewerben, dringend brauchen.

Individuelle Wege

In all diesen Situationen haben Menschen mehr oder weniger große Angst. Wie sie mit dieser Angst umgehen, ist allerdings sehr verschieden: Der eine fasst sich ein Herz, stellt sich der Aufgabe und ist in der Lage, sie angemessen zu bewältigen. Der Nächste versucht, sich der Situation durch Vermeidung oder Verdrängung zu entziehen. Der dritte geht die Sache zwar an, kann aber vor lauter Angst überhaupt keinen klaren Gedanken fassen – sein Kopf ist wie leer.

Ein Gewirr an Emotionen

Wir haben es im Extremfall also mit mehreren einander überlagernden emotionalen Zuständen zu tun:

- Hilflosigkeit und Ausgeliefertsein gegenüber den Umständen,
- Wut auf uns selbst, weil wir uns von der Angst einfach nur beherrschen lassen,
- Angst vor den Konsequenzen des Versagens,
- Angst vor unserer Reaktion auf die Angst (Blackout, wie gelähmt sein, stammeln und so weiter),
- Selbstverachtung, sofern wir uns der Angst durch Vermeidung entziehen.

Klarheit hilft

Je bewusster Sie sich der einzelnen Facetten sind, aus denen sich Ihre Angst zusammensetzt, desto leichter wird es Ihnen fallen, sich mit der Mentaltechnik BSFF davon zu befreien. Sollte ein Rest von Angst bleiben, ist das Ihrem Erfolg sogar zuträglich. Denn während zu viel des Stresshormons Adrenalin für all die unerwünschten Angstreaktionen sorgt – Stottern, zittrige Hände, Herzrasen, Leere im Kopf –, wirkt ein bisschen davon wie ein Aufputschmittel: Es lässt uns Höchstleistungen vollbringen.

Die Angst vor Unbekanntem

Falls Sie sich gehemmt, unsicher oder ängstlich fühlen, sobald Sie mit einem fremden Menschen oder einer neuen Situation konfrontiert sind – verurteilen Sie sich nicht dafür. Auf Unbekanntes reagiert kaum jemand, indem er enthusiastisch darauf zustürmt. Anders gesagt: Sie sind umgeben von Menschen, die alle irgendwie damit beschäftigt sind, derartige Ängste zu überwinden oder zumindest bestmöglich zu kaschieren. Das zu realisieren ist ausgesprochen wohltuend. Es zeigt, dass Sie keinesfalls »außergewöhnlich feige« sind – im Gegenteil: Indem Sie sich anhand dieses Buches mit Ihren Ängsten befassen, sind Sie bereits ins Lager der Mutigen gewechselt.

Mut gehört dazu

Das Wissen darum, dass wir alle unsere Ängste mit uns herumtragen, hilft Ihnen, wenn Sie beispielsweise mit sich ringen, diesen sympathisch aussehenden jungen Mann, der mittags immer zeitgleich mit Ihnen im Supermarkt einkauft, anzusprechen. Wahrscheinlich tut er sich genauso schwer damit wie Sie, auf einen fremden Menschen zuzugehen,

Angst hat auch ihr Gutes: Ein bisschen davon macht uns deutlich leistungsfähiger.

und ist dankbar, wenn Sie eine Brücke bauen. Er könnte Ihnen einen Korb geben oder über Sie lachen? Stopp! Es kann auch ganz anders laufen, wirklich gut, und Sie haben nur dann eine Chance auf einen positiven Fortgang der Dinge, wenn Sie das Wagnis eingehen. Erfolg erfordert Mut. Das gilt auch für berühmte Menschen, die Großes vollbracht haben. Sie werden unter ihnen kaum einen finden, der nicht von Ängsten geplagt wurde, als er sich in seinem Fachgebiet auf neues Terrain wagte. Egal ob Schauspieler, die über innere Grenzen hinweggehen mussten, von Versagensängsten gequälte Erfinder, beim Scheitern ihrer Ideen vom finanziellen Ruin bedrohte Unternehmer oder Entdecker in lebensgefährlicher Mission – sie alle überwanden ihre Angst, weil es ihnen die Sache wert war.

Übung: Mut wird belohnt

Was könnte Sie motivieren, mutig zu sein und sich Unbekanntem zu stellen? Vielleicht gibt Ihnen bereits die Vision, die Sie in Ihrem Notizbuch in Bezug auf ein angstfreies Leben notiert haben (ab Seite 17), den erforderlichen Schub? Wenn nicht, hier ein weiterer Vorschlag:

- Schreiben Sie auf, welche Vorteile es für Sie hätte, in einigen Bereichen Ihres Lebens eine verlockende Neuerung zu wagen, vor der Sie bisher immer zurückgeschreckt sind.

- Fragen Sie sich: Was begeistert Sie an dem, was Sie durch Ihren Mut erreichen können? Statt den Fokus auf mögliche Risiken zu legen, konzentrieren Sie sich auf den Gewinn.

- Malen Sie sich aus, wer Sie sein könnten, wenn Sie Ihre Träume mutig umsetzen.

Verdrängte Ängste

Beim Test im ersten Kapitel haben Sie bereits festgestellt, wie viele unserer Ängste uns gar nicht bewusst sind, weil sie sich hinter scheinbar vernünftigen Glaubenssätzen verbergen. Das geht fast allen so. Wenn Sie also erleben, dass jemand Ihre Bitte, etwas ganz Bestimmtes zu tun, mit ungeheuer vielen guten Begründungen ablehnt, könnte dahinter auch eine Angst stecken, die die Person natürlich keinesfalls zugeben möchte. Wahrscheinlich nicht einmal vor sich selbst.

Ängste statt Ehrlichkeit

Wir haben es schon gesagt: Wir leben in einer Gesellschaft, in der Angst tabuisiert wird. Alle sind ständig bestrebt, ungeheuer stark und cool zu wirken, obwohl Angst völlig normal und allgegenwärtig ist. Deswegen schafft kaum etwas mehr Nähe und Sympathie zwischen Menschen als die Bereitschaft, die eigene Verletzlichkeit und Angst zu offenbaren. Sie kennen das vielleicht von Vortragsrednern, die vor das Publikum treten und ganz offen gestehen, gerade entsetzlich nervös zu sein. Statt diese Redner für ihre Schwäche zu verurteilen, reagiert das Publikum sofort mit Sympathie, denn jeder weiß: Er würde sich in dieser Situation genauso nervös fühlen. Und der Vortragende entspannt sich, weil er nun keine souveräne Fassade mehr wahren muss. Genau aus dieser Haltung erwächst meist eine begeisternde, weil authentische Präsentation.

Die Ehrlichkeit hat noch einen weiteren positiven Effekt, denn während Verdrängung und Leugnung die Angst verstärken, lässt sie nach, sobald man sie akzeptiert und sogar dazu steht. Wollen Sie sich diesen Effekt auch zunutze machen, brauchen Sie in kritischen Situationen nur eins zu tun: Geben Sie offen zu, Angst zu haben, sich gehemmt zu fühlen oder entsetzlich nervös zu sein. Aber tun Sie es mit einem Lächeln. Damit signalisieren Sie, dass Sie bei aller Angst doch selbstbewusst genug sind, zu sich zu stehen. Dies nimmt jedem, der sich für seine eigene Angst verurteilt und dies daher auch bei seiner Umwelt tut, die Angriffsfläche.

Aus Angst aggressiv?

In vielen Situationen begegnen uns Aggressionen. Was so kraftvoll daherkommt, kann echte Wut sein, meist aber ist es nur eine laute Variante von Angst. Sie kaschiert Minderwertigkeitsgefühle und Hilflosigkeit. Ähnlich ist es bei verbalen Sticheleien oder Mobbing.

Wer zu diesen Mitteln greift, fühlt sich häufig bedroht, befürchtet Konkurrenz, zweifelt an sich selbst, kurz: hat Angst.

Zusätzlich zu all diesen kaschierten und verdrängten Erscheinungsformen der Angst gibt es auch noch solche, die sich nur im Körper ausdrücken, weil sie noch stärker verleugnet wurden. Psychische Belastungen äußern sich dann als physische Beschwerden: Herzprobleme, Übelkeit und andere Magenprobleme, Kopfschmerzen, Nacken- und Rückenverspannungen, Schwindel oder Zittern können Anzeichen für Ängste sein, die an sich oftmals überhaupt nicht gespürt werden.

❦ Einen Versuch wert

Sollten Sie gesundheitliche Beeinträchtigungen haben, die auch ärztliche Behandlungen nicht lindern, könnte die Frage hilfreich sein: Welche Gefühle erlauben Sie sich nicht wahrzunehmen? Vielleicht steckt eine verdrängte Angst dahinter. Auch im Falle einer Sucht lohnt es, dieser Fährte zu folgen, womöglich mit professioneller Hilfe.

Ängste aus mangelndem Selbstvertrauen

Mut hat auch immer etwas mit Vertrauen in die eigene Fähigkeit, das Leben bewusst zu gestalten, zu tun. Kein Mensch verfügt über vollständige Lebenskontrolle – auch wenn Tsjakkaa-Motivationstrainer und Bücher wie »The Secret« uns das gern weismachen wollen.
Aber vollständige Kontrolle ist auch überhaupt nicht notwendig, um das eigene Selbstvertrauen zu stärken und Ängste abzulegen.
Es reicht völlig aus, sich in einem einzigen Lebensbereich, der einem wichtig ist, als bewusst gestaltend und befähigt zu erfahren.

Wenn Sie sich also beispielsweise beruflich derzeit eher unsicher fühlen, dafür aber die Erziehung Ihrer Kinder ganz wunderbar funktioniert, können Sie Letzteres als Kraftquelle nutzen. Sich Ihres Erfolges bei den Kids bewusst zu sein, stärkt Ihr Gefühl, auf Ihr Leben Einfluss nehmen zu können, und damit Ihr Selbstvertrauen.
Entscheidend dabei ist der Fokuswechsel: weg von den Bereichen, in denen Sie mit sich selbst noch nicht zufrieden sind, und hin zu Ihren Stärken!
Hemmungen und Selbstzweifel haben gern auch ihre Ursache in einer großen Diskrepanz zwischen Soll- und Ist-Vorstellungen. Wenn unser

Übung: Meine Stärken

- Haben Sie Lust, in Ihrem Notizbuch Ihre Stärken festzuhalten? Notieren Sie, was Sie alles aktiv und erfolgreich bewirken: Ihre persönliche Mut-Ressource.

- Eventuell möchten Sie bei dieser Gelegenheit auch über Ihre Erwartungen an sich selbst und an Ihr Leben nachdenken. Sind diese realistisch?

Maßstab Perfektionismus in allen Bereichen ist – Erfolg im Beruf, Erfolg in der Liebe, Schönheit, selbstsicheres Auftreten, Geld – können wir uns nur verunsichert und klein fühlen. Denn solchen Maßstäben kann auch der wundervollste Mensch nicht gerecht werden. Sind wir aber freundlich zu uns und legen die Messlatte etwas niedriger, wächst auch unser Selbstvertrauen und schwinden manche Ängste. Genau dies führt dann wieder dazu, dass wir uns mutig genug fühlen, uns zu entwickeln und persönliches Neuland zu erkunden.

 Sonderfall Phobien und Panikattacken

Phobien, also starke Ängste vor scheinbar unbedeutenden Gegenständen, Tieren oder Situationen, sind weitverbreitet. Die bekanntesten sind phobische Reaktionen auf Spinnen, das Fliegen, enge Räume, Menschenmengen, offene Plätze und große Höhen. Mögliche Ursache kann auch eine ganz andere Angst sein, die sich hier ihr Ventil sucht. Oft gehen Phobien auch auf prägende Erfahrungen zurück. Sollten Sie unter Phobien leiden, mit denen Sie selbst nicht weiterkommen, finden Sie kompetente Hilfe bei Therapeuten. Ein Fachmann kann mit Ihnen die einzelnen Komponenten des Angstauslösers analysieren und seine Wirkung mit entsprechenden Verfahren auflösen.

Die Behandlung von Panikattacken ist deutlich komplexer und gehört immer in die Hand von Ärzten, denn diese extremen Ängste bis hin zur Todesangst können körperliche Gründe haben, zum Beispiel eine Schilddrüsenfehlfunktion. Was Sie selbst mit BSFF tun können, ist allerdings, die Angst vor der Angst zu mindern, was die Lebensqualität bereits deutlich erhöht.

BSFF – die Geheim-
waffe gegen Ängste

Auf mentalem Weg *frei von Angst*

MEHRFACH WURDE IHNEN die Mentaltechnik BSFF schon angekündigt, jetzt ist es endlich so weit: Sie lernen eine Methode kennen, die sanft, tief greifend wirksam und verblüffend einfach ist. Eine echte Geheimwaffe gegen Ängste. Der große Vorteil von BSFF ist, dass es jederzeit und überall anwendbar ist, wenn Sie mit Angst einflößenden oder beunruhigenden Situationen konfrontiert werden. **Innerhalb weniger Minuten tritt bereits eine deutlich spürbare Beruhigung ein,** oft geht es sogar noch schneller.

So unglaublich die Wirkung von BSFF erscheinen mag, wir haben es hier nicht mit Zauberei zu tun, sondern mit einem Verfahren aus dem Bereich der Klinischen Psychologie, wie auch schon die Langfassung des Methodennamens anzeigt: **BSFF steht als Abkürzung für »Be Set Free Fast«, also »Sei schnell davon befreit«.** Die vollständige Bezeichnung lautet allerdings »Behavioural and Emotional Elimination Training For Resolving Excess Emotion: Fear, Anger, Sadness and Trauma«. Zu deutsch: »Training zur Beseitigung von verhaltensbezogenen und emotionalen Symptomen, zur Auflösung übermäßiger Emotionen – von Angst, Wut, Traurigkeit und Trauma«. **BSFF wurde also entwickelt, um die psychischen Faktoren von belastenden Angstproblemen positiv zu beeinflussen.** Und jetzt können Sie es alltagstauglich nutzen.

Das machtvolle Unterbewusstsein

Mitte der 1980er-Jahre erschienen einige Bücher, die heute noch Klassiker sind: beispielsweise Joseph Murphys »Die Macht des Unterbewusstseins«. Sie erklären, welchen Einfluss dieser besondere Anteil auf unser Leben hat.

Zwei Hirnfunktionen

Heute wissen wir, dass es in unserem Hirn zwei unterschiedlich arbeitende Systeme gibt, zu denen bestimmte Hirnregionen gehören. Da ist zum einen das die Ratio steuernde explizite System. Es arbeitet langsam eine Sache nach der anderen ab: Pro Sekunde schafft es lediglich 40 Bit, also Informationseinheiten – wunderbar für Denkprozesse mit wenigen Variablen. Ganz anders das implizite System, das Sie als Unterbewusstsein kennen. Erstaunliche 11 Millionen Bit pro Sekunde kann es verarbeiten,

was bedeutet, dass so gut wie alle Sinneseindrücke, die Sie unbemerkt am Rande wahrnehmen, in Ihr implizites System aufgenommen werden. Sie greifen daher bei all Ihren Entscheidungen auf einen riesigen, unbewusst angelegten Informationsspeicher zu. Dies ist äußerst vorteilhaft, wenn Sie beispielsweise einen komplexen Sachverhalt mit zahlreichen relevanten Faktoren bewerten wollen und Ihr Verstand überfordert ist. In solchen Situationen ist es Ihr Bauchgefühl und damit Ihr implizites System, was die optimale Lösung weiß. Das implizite System ist bestens geeignet, eine Vielzahl von Informationen blitzschnell in Relation zueinander zu setzen und auszuwerten.

Es wirkt in jedem Moment

Ein gutes Ergebnis ist von den eingespeicherten Informationen abhängig. Genau dies ist die Krux: Viele unserer Ängste sind das »Auswertungsergebnis« von un-

Tipps zur Praxis

- BSFF erfordert keine Trance. Es reicht, sich zu entspannen und die Aufmerksamkeit nach innen zu richten. Wer intensiv damit arbeitet, will danach oft etwas ruhen, denn alte Konditionierungen zu beseitigen, kann manchmal anstrengend sein.

- Wie lang eine BSFF-Session jeweils sein sollte, werden Sie spüren. Je nach Intensität der behandelten Themen werden Sie irgendwann fühlen: Jetzt ist es genug. Dann gönnen Sie Ihrem Unterbewusstsein erst einmal Zeit, die Eingriffe zu verarbeiten und sich neu zu strukturieren.

- Manche Menschen machen BSFF am liebsten still auf dem Sofa, andere gehen dabei gern im Wald spazieren und sprechen laut mit ihrem Unterbewusstsein.

- Für Soforthilfe wenden Sie die Methode natürlich an, wann und wo Sie gerade mit einer Angst konfrontiert sind: am Arbeitsplatz, im Flugzeug – jederzeit und überall.

bewusst abgespeicherten negativen Erfahrungen und Konditionierungen. Unser Verhalten wird also gewissermaßen von einem Autopiloten gesteuert, dessen Datenmaterial voller Viren ist. Hören wir in der frühen Kindheit immer wieder, das Leben sei gefährlich, werden wir ein Grundgefühl der Unsicherheit und Bedrohung entwickeln.

Und hier kommt unsere Mentaltechnik zum Einsatz: Mit der Methode BSFF lernen Sie, gezielt auf im impliziten System gespeicherte angstauslösende Informationen zuzugreifen und sie zu verändern. So könnten Sie auch bewirken, dass der erwähnte Satz seine Macht verliert. Das unterschwellige Gefühl der Lebensangst verschwindet.

BSFF als Methode

Anfang der 1990er-Jahre wurde BSFF von dem klinischen Psychologen Dr. Larry Nims entwickelt. Er war Schüler von Dr. Roger Callahan, entsprechend basiert BSFF auch auf Callahans »Thought Field Technique« (TFT), die man auch psychologische Akupunktur nennt. Ein anderer Schüler Callahans war Gary Craig, dessen Klopfakupressurmethode EFT (Emotionale Freedom Techniques) viele kennen.

Unbewusste Tiefen

BSFF gehört aufgrund ihrer Herkunft zu diesen Energietherapie-Methoden. Gleichzeitig enthält sie aber auch Elemente des NLP (Neurolinguistisches Programmieren) und der Hypnose nach Milton Erickson, was zusammen einen äußerst wirkungsvollen Cocktail ergibt. Hypnose ist heute ein wissenschaftlich anerkanntes Therapieverfahren, das sich normalerweise nur bedingt zur Selbstanwendung eignet. Mit BSFF aber sind Sie in der Lage, Ihrem Unterbewusstsein direkte Handlungsanweisungen zu geben, ohne dass dafür eine Trance erforderlich wäre. Die Hauptaktivität findet auf der unbewussten Ebene statt, an dem Ort, an dem unsere psychischen Probleme und Einschränkungen entstehen, aufrechterhalten und immer neu ausgelöst werden. Entsprechend setzt BSFF bei der Wurzel eines Problems an und entfernt sanft den Einfluss von belastenden Gefühlen, negativen Erfahrungen, hemmenden Glaubenssätzen, Verhaltens- und Denkweisen.

Die Hintergründe

Wie schafft BSFF so leicht große Erfolge? Nach dem aktuellen Forschungsstand über die Wirkung von Energietherapie-Methoden scheint es so zu sein, wie schon in Kapitel 2 kurz angerissen: Man beseitigt im Gehirn die Transmitterprobleme zwischen Amygdala (Emotionszentrum) und Hippocampus (Schnittstelle zwischen Kurzzeit- und Langzeitgedächtnis). Weniger wissenschaftlich formuliert geschieht mit BSFF bei der Behandlung von traumatischen Erfahrungen Folgendes: Ihre Angst entsteht durch eine neuronale Verknüpfung zwischen einer unverarbeiteten, angstbesetzten alten Erfahrung und einer automatischen emotionalen Reaktion. Und immer, wenn Sie etwas erleben, was auch nur leichte Ähnlichkeit mit der alten Erfahrung hat, wird sofort die damit verbundene Angst aus der Vergangenheit aktiviert. Sie haben keine Kontrolle mehr über Ihre Gefühle. Denn die Amygdala beziehungsweise in diesem Fall die Neurotransmitterverknüpfung mit dem Emotionszentrum hat die Oberhand gewonnen. Wenn Sie nun aber bei der BSFF-Behandlung eine schmerzvolle, prägende Erinnerung bewusst wieder aufrufen und sich an ihre verschiedenen Facetten erinnern, bringen Sie im Hirn bereits die traumatische Reiz-Reaktions-Verknüpfung aus dem Gleichge-

❦ BSFF ist kinderleicht

- Zur Vorbereitung brauchen Sie lediglich einmalig eine mehrseitige Handlungsanweisung (ab Seite 57) zu lesen, mit der Ihr Unterbewusstsein klare Vorgaben erhält, wie es mit störenden Gefühlen, Gedanken oder Erinnerungen umgehen soll.

- Dann codieren Sie das Ganze mit einem selbst gewählten Schlüsselwort (Seite 54).
- Um mit speziellen Ängsten zu arbeiten, konzentrieren Sie sich auf das, was Sie bearbeiten möchten und nennen Ihr Schlüsselwort (Seite 65).

wicht. Sobald Sie dann dem vorab entsprechend instruierten Unterbewusstsein den Befehl geben, die Erinnerung mit BSFF zu behandeln, und Ihr persönliches Schlüsselwort aussprechen oder denken, überlagern Sie die ursprüngliche Erinnerung mit dem Reiz des BSFF-Programms. Dies bewirkt, dass sich die neuronale Verbindung der alten Erfahrung mit der Angstreaktion auflöst. Natürlich wird das Alte nicht vergessen. Aber was Sie mit BSFF behandelt haben, löst nicht mehr automatisch emotionale Reaktionen aus. Sie werden Ihre Vergangenheit wahrscheinlich mit einer gewissen Distanz wahrnehmen, fast wie ein außenstehender Beobachter des Geschehens. Damit verliert es die Macht über Sie. Ich nenne BSFF gern »Emotions-Management-App fürs Hirn«. Das verdeutlicht seine Wirkweise: Man installiert einmal ein Programm, das ab sofort auf Kommando bestimmte Handlungen ausführt, die positiv auf die Psyche wirken.

Die BSFF-Installation

Ein Installationstext (ab Seite 57) verankert das Programm in Ihrem Unterbewusstsein. Sie lesen ihn einmal laut durch – und von da ab wirkt er. Sollten Sie irgendwann den Eindruck haben, die Wirkung ließe nach, lesen Sie ihn einfach erneut. Und nun schrittweise:

Schlüsselwort und Stopper

Zuerst wählen Sie ein Schlüsselwort, das Sie ab sofort verwenden möchten, um die BSFF-Behandlung auszulösen. Sie möchten mit der Behandlung gute Gefühle bewirken, deshalb sollte auch Ihr Schlüsselwort für Sie mit positiven Assoziationen verbunden sein. Wählen Sie es intuitiv.
Dann lesen Sie sich die Liste mit den 13 Stoppern durch, damit Sie wissen, worum es geht, wenn im Installationstext von diesen Stoppern die Rede ist.

Die Stopper

Lesen Sie diese Stopper zunächst einfach durch, ohne bereits Ihr Schlüsselwort einzusetzen.

1 Ich glaube nicht, dass eine Methode wirklich so schnell und leicht helfen kann. Schlüsselwort.

2 Ich glaube, es ist unmöglich, alte Erfahrungen schnell und leicht zu heilen. Schlüsselwort.

3 Ich glaube nicht, dass ich es verdiene, so schnell und leicht von meinen Problemen befreit zu sein. Schlüsselwort.

4 Ich befürchte, dass die Behandlungen bei mir nicht wirken. Schlüsselwort.

5 Ich befürchte, dass die Behandlungserfolge nicht von Dauer sind. Schlüsselwort.

6 Ich bezweifle, dass die Behandlungen wirken. Schlüsselwort.

7 Ich bezweifle, dass die Behandlungserfolge von Dauer sind. Schlüsselwort.

8 Ich traue mir nicht zu, meine Themen selbst erfolgreich zu behandeln. Schlüsselwort.

9 Ich bezweifle, die neue Methode effektiv anwenden zu können. Schlüsselwort.

10 Ich habe Zweifel, dass ich die positiven Veränderungen in mein Leben integrieren kann. Schlüsselwort.

11 Ich habe Angst, mich durch die Behandlungen zu sehr zu verändern und nicht mehr »ich selbst« zu sein. Schlüsselwort.

12 Ich neige dazu, eins oder mehrere der behandelten Probleme wieder anzunehmen. Schlüsselwort.

13 Es gibt noch einen oder mehrere bewusste oder unbewusste Erfolgssaboteure in mir, die mich von einem dauerhaften Erfolg abbringen können. Schlüsselwort.

Die Instruktion

Und nun kommt die Hauptarbeit: Lesen Sie die Hauptinstruktion und die Instruktionen zur Vergebungsarbeit (Seite 63) laut vor und fügen Sie überall dort, wo »Schlüsselwort« steht, Ihren Begriff ein. Ganz wichtig ist hierbei, dass Sie beim Lesen entspannt sind. Dadurch rutscht die Handlungsanweisung viel besser in Ihr Unterbewusstsein, als wenn Sie dem Text angestrengt intellektuell folgen wollen.

Es wirkt in der Tiefe

Die Formulierungen sind so gewählt, dass sie am besten auf Ihr Unterbewusstsein wirken. Lesen Sie ohne nachzudenken einfach alles durch. Wie Sie dann weiter vorgehen, werden Sie Schritt für Schritt erfahren. Zunächst ist es wichtig, dass Sie die wesentlichen Botschaften in Ihr Unterbewusstsein bringen, das dann fortan in Ihrem Sinne aktiv wird.

Die Quellen

Der Installationstext beruht im Wesentlichen auf dem Werk von Larry Nims. Übersetzt ist er auch bei Verena Stollnberger erschienen. Eine andere Form von Installationstext, die mich inspiriert hat, findet sich bei Silke Geßlein (siehe Literaturliste im Anhang). Nach jahrelanger Arbeit mit BSFF-Coachings habe ich die hier gedruckte, modifizierte Handlungsanweisung für das Unterbewusstsein erstellt. Aus praktischen Erwägungen habe ich dabei die Abfolge der Textelemente etwas geändert und einige Formulierungen ergänzt, die den Gedanken der emotionalen Heilung stärker spürbar machen.

> *Die Methode hat nur einen Haken: Sie müssen Sie anwenden, damit sie wirkt.*

Der Installationstext

»Die folgenden Anweisungen sind für dich, mein Unterbewusstsein. Wann immer ich bewusst ein Problem bemerke, das ich von dir entfernen lassen will, und dann mein Schlüsselwort ausspreche oder denke, führst du den kompletten BSFF-Ablauf zu diesem Problem durch. Das Schlüsselwort, das ich gewählt habe, lautet …

Zur Vorbereitung jeder Behandlung eines Problems oder Themas bearbeitest du immer automatisch und ohne dass ich dich dazu explizit anweise, die 13 Stopper, sofern sie irgendeinen Einfluss auf oder irgendeinen Bezug zu der nachfolgenden Sitzung haben, und entfernst jeden der darin genannten erfolgshemmenden Aspekte, jeden Gedanken, jedes Gefühl, jede Erfahrung, jeden Glaubenssatz und jeden anderen unbewussten Einflussfaktor, der eine vollumfängliche, dauerhafte Befreiung und Heilung verhindern, erschweren oder beeinträchtigen könnte, aus allen Schichten und Anteilen meines Seins.

Jedes Mal, wenn ich dich anweise, eine BSFF-Behandlung zu einem von mir bemerkten Problem oder Thema durchzuführen, und mein Schlüsselwort sage oder denke, führst du dazu eine Sequenz, bestehend aus den im Folgenden genannten vier Schritten durch. Jede Behandlung umfasst jeden Gedanken, jedes Gefühl, jede Emotion, jede Verhaltensweise, jede Einstellung, jeden Glaubenssatz, jedes innere Bild sowie alle sonst irgendwie damit zusammenhängenden Aspekte, die mit dem Problem oder Thema zu tun haben oder zu tun hatten, die zu diesem Problem beitragen oder jemals beigetragen haben. Dies alles einschließend, führst du also bei jedem Nennen oder Den-

ken meines Schlüsselworts in einer Sequenz vier Schritte durch. Du behandelst, entfernst oder heilst:

1 alles, was ich in Bezug auf dieses Problem oder Thema erfahre oder je erfahren habe inklusive meiner Erfahrungen mit sämtlichen damit verbundenen Personen, Ereignissen, Situationen und Umständen;

2 alles, was ich als Ergebnis oder Folge dieses Problems oder Themas erfahre oder jemals erfahren habe;

3 alles, was nach meiner Erfahrung je zur Entstehung oder Aufrechterhaltung dieses Problems oder Themas beigetragen hat;

4 alle angesammelten mentalen, emotionalen, körperlichen und spirituellen posttraumatischen Belastungen, die aufgrund des momentan in mir ausgelösten Problems oder Themas jemals meine Existenz berührt haben.

Sobald ich ein Problem oder Thema bemerke und mein Schlüsselwort dafür einsetze, durchläufst du diese vier Schritte in schneller Abfolge. Die Faktoren posttraumatischer Belastung, die du entfernst, umfassen die im Folgenden genannten negativen Auswirkungen auf mein Sein sowie alle anderen hemmenden, schwächenden, begrenzenden, ungewollt steuernden oder sonst wie störenden Auswirkungen posttraumatischer Belastung des bearbeiteten Themas in meinem System: Schock, Stress, Trauma, Leid und Verzweiflung, emotionale Verletzung und Erschütterung, Verärgerung und Irritation, Durcheinandersein.

Du entfernst und heilst bei jeder Behandlung jede dieser posttraumatischen Belastungen, sofern vorhanden, die mit einer emotionalen

Wurzel des gerade bearbeiteten Problems verbunden ist und von dieser emotionalen Wurzel ausgelöst wird oder wieder ausgelöst worden ist. Du löst diese Auswirkungen posttraumatischer Belastung gründlich und dauerhaft auf, sodass sie in mir keinerlei geistige, emotionale, körperliche oder spirituelle Beschwerden, Unausgeglichenheiten oder automatischen ungewollten Verhaltens- und Reaktionsmuster mehr auslösen können. Du beseitigst sämtliche emotionalen Wurzeln, Konditionierungen und Glaubenssätze, die mein zu behandelndes Problem oder Thema kontrollieren oder beeinflussen, sowie alle Prägungen durch verwandte Erfahrungen, die damit in irgendeiner Verbindung stehen. Gleichzeitig behandelst du alle genetischen, ahnen-, generations- und familiensystem-bezogenen und alle gegenwärtigen, vergangenheits- und zukunftsgerichteten Aspekte dieses Problems sowie alles Versteckte, Verborgene, Verheimlichte, Verlorene, Abgespaltene und Verdrängte, das mit diesem Problem zusammenhängt, und lässt eine tiefe, dauerhafte Heilung geschehen.

Das heißt, dass du alle geistigen, emotionalen, mentalen, körperlichen und spirituellen Aspekte aller verwandten Probleme sowie aller abgespaltenen und fragmentierten Anteile meiner Persönlichkeit, die in irgendeiner Weise bei diesen Problemen involviert sind, bearbeitest, heilst, harmonisierst oder bei Bedarf auflöst. In jede Behandlung schließt du alles mit ein, was in mir besteht oder mit mir zu tun hat – zusammen mit allen meinen möglicherweise vorhandenen bewussten oder unbewussten Programmierungen, die dieses Problem oder

Thema geschaffen haben, aufrechterhalten oder bewirken könnten, dass ich es nach der Behandlung wieder annehme. Ich danke dir für deine liebevolle, gewissenhafte Hilfe hierbei.

Jedes Mal, wenn ich mein Schlüsselwort nenne oder denke, suchst du automatisch, selbstständig und vollständig alle Themen oder Probleme und sorgst dafür, dass sie behandelt werden. Du entfernst oder heilst die Probleme auf allen Ebenen und in allen Teilen und Schichten meines Wesens, die in irgendwelcher Weise direkt oder indirekt bei jedem einzelnen Problem eine Rolle spielen, es nähren, es mit verursachen, es irgendwie aufrechterhalten oder unterstützen. Bei jeder Behandlung befasst du dich mit all diesen Dingen und beseitigst sie komplett, dauerhaft und auf sichere Art und Weise. Diesen Heil- und Reinigungsprozess zeigst du mir durch positive, deutlich wahrnehmbare Indikatoren und/oder Veränderungen an, seien sie emotionaler, mentaler, visueller oder körperlicher Art.

Du tust das alles für mich, unabhängig davon, ob mir bewusst ist, was das Problem ist oder nicht, und sogar dann, wenn ich das Problem nicht einmal identifizieren, in Worte fassen oder benennen kann. Es reicht, wenn ich ein Problem bewusst bemerke und mein Schlüsselwort einsetze, das da lautet …, und schon bearbeitest und entfernst du das Problem samt allen verwandten Teilen, die irgendeinen Beitrag zu diesem Problem geleistet haben, auf allen Ebenen meines Verstandes und meiner Existenz vollständig, sicher und dauerhaft. Du entfernst gleichzeitig auch jegliches andere Problem, das mich wie, wann oder warum auch immer anfällig für die Rückkehr bearbeiteter Probleme machen könnte. Sogar wenn ich mit der Bearbeitung anderer Probleme oder Themen fortfahre, behandelst du automatisch alle Aspekte aller bislang bearbeiteten Probleme und Themen weiter, bis mein Bewusstsein alle relevanten Einsichten über die Herkunft oder die Ursachen all der bearbeiteten Probleme gewonnen und diese unmissverständlich begriffen hat.

Du machst dies alles ab sofort für mich, für jedes Problem, das ich je bewusst bemerke und zu bearbeiten beabsichtige, wann immer ich die Bearbeitung mit meinem Schlüsselwort oder jeglichen anderen Worten einleite, die ich als Befehl für die BSFF-Anwendung festlege. Alles, was ich zu tun habe, wenn ich ein Problem bewusst bemerke, ist, die Bearbeitung mit meinem Schlüsselwort einzuleiten.

Jedes Mal, wenn ich die Stopper oder irgendeine Art von Wut, Verurteilung, Kritik oder Unverzeihen oder jegliche anderen einschränkenden Gedanken, Gefühle, innere Haltungen oder Glaubenssätze, die ich in Bezug auf mich selbst haben mag, bearbeite, schließt du all diese Dinge, die möglicherweise aus früheren Behandlungen übrig geblieben sind, in die laufende Arbeit mit ein. Bei solchen Aktualisierungsprozessen ist es unerheblich, wie lange die früheren Behandlungen zurückliegen. Ebenso wirst du bei jeder Bearbeitung von Wut und Unverzeihen gegenüber einer anderen Person oder einer Gruppe von Menschen diese Haltungen hinsichtlich der ganzen Persönlichkeit und aller Anteile dieser Person oder aller Personen innerhalb dieser

Gruppe von Menschen bearbeiten, wenn ich mich während des Prozesses auf sie beziehe. Wann immer ich dich dazu auffordere und mein Schlüsselwort sage oder denke, ersetzt du die entfernten oder geheilten Facetten meines Problems oder Themas durch die positiven Gedanken, Gefühle, Überzeugungen oder inneren Bilder, die ich dir nenne, sofern sie in Einklang mit meinem höchsten Wohl und dem höchsten Wohl aller Beteiligten stehen. Hierbei entfernst du jegliche Art von Zweifel, Einspruch oder Widerstand gegen diese von mir gewählte neue Wahrheit und innere Realität aus allen Schichten meines Seins, die die liebevolle Akzeptanz dieser Affirmationen und Bilder verhindern oder erschweren können oder mich anfällig machen, diese neuen Wahrheiten wieder aufzugeben.

Mein Unterbewusstsein, ab sofort vollziehst du, wenn ich dich mit meinem Schlüsselwort dazu auffordere, diese komplette Instruktion jederzeit und überall, das heißt unter allen Bedingungen und Umständen, in allen emotionalen und mentalen Zuständen und in allen Situationen, in denen ich mich zum Zeitpunkt der Anwendung befinde, an die ich mich erinnere oder die ich mir vorstellen kann. Du verknüpfst und aktivierst mit dem Schlüsselwort einen Heilungsprozess, der bewirkt, dass mein Verstand, mein Unterbewusstsein, meine Gefühle und meine Seele, sofern ich an die Existenz der Letztgenannten glaube, optimal verbunden sind und kommunizieren. So fällt es leicht dafür zu sorgen, dass alles, was blockiert ist und nicht fließt, wieder heilt, harmonisiert wird und im Fluss ist.

Mein Unterbewusstsein, ich danke dir und schätze und achte dich zutiefst dafür, dass du in jeglicher Hinsicht immer mein treuer Diener und Freund bist.«

Während der Vergebungsarbeit, wenn ich denke oder sage ›Unverzeihen gegenüber … (Name der Person)‹ und mein Schlüsselwort denke oder ausspreche, entfernst du alle Wut, allen Ärger, alle Verurteilung, alle Kritik und alles Unverzeihen, das ich gegenüber einer spezifisch benannten Person oder anderen, nicht näher spezifizierten Personen hege, die in das behandelte Problem involviert waren oder hierfür relevant sind. Du bewirkst, dass ich jedes der genannten Gefühle leicht und mühelos loslasse und frei davon bin, und ersetzt sie durch ein Gefühl tiefen Friedens in mir.

Außerdem: Wenn ich die Worte ›Unverzeihen gegenüber mir selbst‹ denke oder spreche und mein Schlüsselwort benutze, entfernst du alles Unverzeihen und alle Wut, allen Ärger, alle Selbstkritik, alle Selbstverurteilung und alle sonstigen gegen mich gerichteten verwandten Probleme und ersetzt sie durch Frieden und Selbstliebe.

Von jetzt an, wann immer ich mein Schlüsselwort für jeden der beiden Kurzbegriffe dieser Vergebungsarbeit benutze, führst du jede dieser Behandlungen vollständig durch. Falls ich diese Schritte der Vergebungsarbeit bei irgendwelchen früheren Durchgängen ausgelassen habe, führst du für eben diese Probleme in der laufenden Anwendung eine entsprechende ›Aktualisierungsbehandlung‹ durch.«

Erste mentale Reinigung

Nachdem Sie die Seiten mit den Texten zur Installation gelesen haben, kehren Sie zu den Stoppern zurück. Jetzt beginnen Sie mit Ihrer ersten BSFF-Behandlung, denn sicherlich werden einige der Stopperaussagen auf Sie zutreffen. Auch wenn in den späteren Beispielen von BSFF-Anwendungen nicht immer ausdrücklich darauf verwiesen wird, empfiehlt es sich, die Stopper am Ende jeder komplexen Behandlung noch einmal zu bearbeiten. Vor allem, wenn Sie merken, dass Sie sich mit dem Loslassen eines Problems schwertun oder befürchten, eventuell in alte Muster zurückzufallen. Immer wenn Sie später zu einem Thema alles behandelt haben, fügen Sie die hier beschriebenen Schritte an: Die Stopper werden unschädlich gemacht – Ihr Behandlungserfolg kann sich zeigen.

# Übung: Die Stopper des BSFF

Sie haben jetzt den Anleitungstext in Ihr Unterbewusstsein installiert und sind bereit für die Anwendung. Was Sie hindern könnte, sind einzig Zweifel an der Wirksamkeit. Und genau dafür gibt es die Stopper (Seite 55).

● Lesen Sie sie durch und spüren Sie bei jedem Satz in sich hinein: Wie groß ist Ihre Zustimmung zu der Aussage?

● Wenn Sie in sich die Zweifel entdecken, um die es in dem Stoppersatz geht, konzentrieren Sie sich auf das entsprechende Gefühl und sagen Ihr Schlüsselwort. Dies wiederholen Sie so oft, bis das Gefühl verschwunden ist.

● So gehen Sie Satz für Satz vor, bis Sie alle Stopper, die Ihren BSFF-Erfolg beeinträchtigen könnten, bearbeitet haben.

Der klassische BSFF-Ablauf

Nachdem Sie Ihr Codewort festgelegt und den Installationstext gelesen haben, ist der Grundstein für die Anwendung der Methode gelegt. Was Sie noch brauchen, damit BSFF funktionieren kann, ist die klare Absicht, Ihre Angst oder Ihre Selbstzweifel abzulegen. Fragen Sie sich an dieser Stelle einmal selbst, was Sie in Bezug auf eine Veränderung empfinden. Nutzen Sie hierzu am besten die Aufzeichnungen Ihrer Zielvisionen, die Sie beim Durcharbeiten des ersten Kapitels (ab Seite 17) formuliert haben. Können diese Visionen Sie begeistern? Oder entdecken Sie bei sich eher Gedanken wie »Naja, ich sollte wohl …« oder »Es wäre schon ganz gut«? Solche Gedanken beeinträchtigen die Wirksamkeit von BSFF natürlich, denn auch die beste Methode kann Sie nicht dazu bringen, etwas gegen Ihren Willen zu tun. Allerdings können Sie sich mit BSFF auch von den inneren Widerständen gegen eine Veränderung befreien, beispielsweise mit den Stoppern.

✃ BSFF auf einen Blick

- Sie richten den inneren Fokus auf Ihre Angst oder Ihr Problem.
- Sie erklären die Absicht, dass Ihr Unterbewusstsein es lösen soll. Sie erteilen ihm den Auftrag und denken Ihr Schlüsselwort.
- Sie wiederholen den Ablauf, bis das Problem weg ist.
- Spüren Sie Widerstände, nutzen Sie die 13 Stopper (Seite 55).
- Bei Bedarf machen Sie die Vergebungsarbeit (Seite 63).
- Am Ende geben Sie dem Unterbewusstsein den Auftrag, auch Ihnen nicht bewusste Problemreste wegzuputzen.

Gehen wir jetzt davon aus, Sie stehen hundertprozentig hinter Ihrem Ziel und haben wirklich Lust, sich in bestimmten Situationen mutiger, kraftvoller und selbstbewusster zu fühlen. Dann ist der Behandlungsablauf im Prinzip ganz einfach.

Den Auftrag erteilen

Geben Sie den Auftrag auf die Art und Weise an Ihr Unterbewusstsein, wie es sich für Sie am besten anfühlt und wie es bei Ihnen ganz persönlich funktioniert. BSFF ist eine offene Methode, es gibt keinen richtigen oder falschen Weg, es gibt nur Vorgehensweisen, die für einen selbst funktionieren oder eben nicht. Es kann nichts Schlimmeres passieren, als dass es mal nicht klappt. Anders gesagt: Sie können ohne jedes Risiko experimentieren und spielerisch erproben, auf welche Ansprache Ihr Innerstes wunschgemäß reagiert. Die Übersicht ab Seite 69 bietet Ihnen jede Menge Anregungen, wie Sie vorgehen können. Zu diesen hier angeführten Möglichkeiten finden Sie im weiteren Verlauf des Buches noch nähere Anregungen.

BSFF an einem Beispiel

Wie sich all diese Varianten in einer einzigen BSFF-Sitzung einsetzen und miteinander kombinieren lassen, illustriert Ihnen das folgende Beispiel: die Beseitigung einer Angst, auf Partys oder auf Events fremde Menschen anzusprechen.

Ein Tipp

Wenn Sie am Schluss Ihres Auftrages noch »jetzt« sagen oder denken und dann erst Ihr Schlüsselwort nennen, fühlt sich Ihr Auftrag deutlich machtvoller an, gebündelt wie ein Laserstrahl.

Schritt 1: Problemorientierung

Die betreffende Person beginnt, Sätze wie diese an ihr Unterbewusstsein zu senden:

- »Unterbewusstsein, entferne meine große Angst davor fremde Menschen anzusprechen. Jetzt.« Und sie sagt ihr Schlüsselwort.
- »Unterbewusstsein, entferne auch den Rest meiner Angst, fremde Menschen anzusprechen. Jetzt. Schlüsselwort.«

Schritt 2: Ersetzen

Mit dem Ersetzen verbindet sie die negative Emotion mit einer neuen, einer positiven:

- »Unterbewusstsein, ersetze meine Angst durch ein Gefühl von Sicherheit und Neugier, neue Menschen kennenzulernen. Jetzt. Schlüsselwort.«

Schritt 3: Entscheidung und Affirmation

Bei den Entscheidungssätzen bewegen wir uns ausschließlich im Feld von erwünschten Gefühlen:

- »Unterbewusstsein, ich entscheide jetzt, dass ich fremde Menschen kennenlernen will und mich dabei völlig entspannt und sicher fühle. Jetzt. Schlüsselwort.«

Hinein ins Positive

Wir bewegen uns also in einem kompletten Ablauf schrittweise aus den Ängsten heraus und hinein in Mut, Selbstvertrauen und das Bewusstsein der eigenen Größe. Dieses Beispiel ist nur eine von vielen Möglichkeiten, dieses Thema anzugehen. Vielleicht ist ja bei jemand anderem der Gedanke vorrangig, man könne ihn langweilig finden. Daraus ergeben sich dann Sätze wie:

- »Unterbewusstsein, behandle meinen Gedanken, die anderen könnten mich langweilig finden. Jetzt. Schlüsselwort.«
- »Unterbewusstsein, ich entscheide, den Gedanken, die Leute könnten mich langweilig finden, loszulassen und frei davon zu sein. Jetzt. Schlüsselwort.«

Übung: Den Auftrag erteilen

Dies sind einige Vorschläge, wie Sie einen BSFF-Auftrag erteilen können. Sie alle lassen sich auch miteinander kombinieren.

Variante 1, Problemorientierte Anweisungen: Sie geben dem Unterbewusstsein den Auftrag, sich nach Ihren Anweisungen um die Beseitigung eines Problems zu kümmern. Das Problem kann Ihre Angst oder Hemmung sein. Genauso gut kann das Problem aber auch ein einschränkender Gedanke oder Glaubenssatz sein. Oder Sie definieren ein körperliches Symptom Ihrer Angst als zu behandelndes Problem, zum Beispiel einen Kloß im Bauch. Beispiele:

- »Unterbewusstsein, löse jetzt die Überzeugung auf: ›Sich selbst zu loben und anzupreisen tut man nicht.‹«

- »Unterbewusstsein, entferne jetzt meine Angst, mich im Meeting zu blamieren.«

- »Unterbewusstsein, behandle diesen Kloß im Bauch.«

- »Unterbewusstsein, behandle jetzt meinen Gedanken, dass das Leben gefährlich ist.«

- »Unterbewusstsein, entferne jetzt mein Gefühl von Beklemmung in diesem Fahrstuhl.«

Variante 2, Affirmationen: Die Kombination mit BSFF steigert die Wirkung solcher positiver Sätze deutlich. Sie geben dabei einfach Ihrem Unterbewusstsein den Auftrag, Zweifel, Einspruch oder Widerstand gegen die positive Aussage aufzulösen. Die Affirmation sollten Sie allerdings erst als zweiten Schritt einsetzen, nachdem Sie zuvor Ihre Angst aufgelöst haben. Zum Beispiel so:

- Schritt 1: »Unterbewusstsein, bitte behandle meine übergroße Angst, bei dieser Aufgabe zu versagen.«
- Schritt 2: »Unterbewusstsein, behandle jeden Zweifel, Einspruch, Widerstand gegen den Satz ›Ich bewältige diese Aufgabe entspannt und souverän‹.«

Variante 3, Entscheidung: Dies ist eine sanftere Variante der Affirmationsform. Sie stammt ursprünglich von Pat Carrington, die sie bei der Klopfakupressur eingesetzt hat, funktioniert aber auch wunderbar bei BSFF. Statt Ihr Ziel als Ist-Zustand zu affirmieren, formulieren Sie es einfach als Entscheidung und bitten Ihr Unterbewusstsein, jeden Zweifel, Einspruch oder Widerstand gegen diesen Entscheidungssatz zu beseitigen.

- »Ich entscheide zu erleben, dass es mir leichtfällt, meine Ideen zu präsentieren.«
- »Ich entscheide zu erleben, dass ich bei der Begegnung mit einem neuen Mann völlig entspannt und gelassen bin.«

Variante 4, Ersatz für das Alte: So wie Sie bei Ihrem Textverarbeitungsprogramm über eine Suchen-Ersetzen-Funktion verfügen, können Sie auch dem Unterbewusstsein den Auftrag geben, Negatives durch Positives zu ersetzen.

- »Unterbewusstsein, ersetze das Gefühl von Angst, wieder enttäuscht zu werden, durch Sicherheit und Vertrauen.«
- »Unterbewusstsein, ersetze die Angst, nicht gut genug zu sein, durch die Gewissheit, dass ich genau richtig bin, so wie ich bin.«

Angstfrei Neues lernen

Wenn Ihnen die ersten BSFF-Schritte gut gelungen sind und Sie sich – um im obigen Beispiel zu bleiben – mit dem Gedanken an Kontakte mit Fremden entspannter fühlen, können Sie sich zusätzlichen Lösungsmöglichkeiten des Problems öffnen. Denn Angstfreiheit ist natürlich nur ein Aspekt. Vielleicht wissen Sie ja einfach zu wenig darüber, wie Sie eine angstbesetzte Situation – hier die Begegnung mit Fremden – bewältigen können. Befürchtungen im Umgang mit Fremden resultieren beispielsweise häufig aus fehlenden Werkzeugen für einen gelungenen Smalltalk. Sobald Sie sich Informationen besorgen, wie Smalltalk leicht gelingt, wie man ein Gespräch durch Fragen steuert und durch eine interessierte Haltung Sympathien erwirbt, gewinnen Sie zusätzliche Sicherheit. Dies gilt gleichermaßen für alle angstbesetzten Momente, in denen auch gewisse Fertigkeiten hilfreich sein können. Wenn Sie einen Vortrag halten sollen, sich in einem Bewerbungsgespräch bestmöglich verkaufen müssen oder eine Verhandlung zu führen haben, brauchen Sie immer zweierlei: Freiheit von lähmenden Ängsten und die Beherrschung der entsprechenden Skills. Sie werden feststellen, dass es viel einfacher ist, sich diese Fertigkeiten und Techniken anzueig-

Übung: Abschluss

Am Ende eines BSFF-Durchgangs können Sie zur Sicherheit mit folgendem Satz unbewusste Problemreste beseitigen: »Unterbewusstsein, bitte behandle alle mir nicht bewussten Aspekte, die in Zusammenhang mit diesem Thema stehen, mit BSFF. Jetzt. Schlüsselwort.«

Übung: Erspüren, ob alles gelöst ist

- Sagen Sie Ihre BSFF-Sätze, atmen Sie danach jeweils tief durch und spüren Sie in sich hinein, welche Veränderung eintritt.

- Wiederholen Sie das, bis die Angst weg ist oder der hemmende Gedanke jede Macht über Sie verloren hat. Folgen Sie dabei Ihrem Innersten. Haben Sie den Eindruck, fertig zu sein? Ist alles in Ihnen entspannt, gelöst und zufrieden? Dann hören Sie auf, genießen Sie das schöne Gefühl.

- Oder ist etwas Neues in Ihr Bewusstsein getreten, das behandelt werden möchte? Oftmals sind das Gefühle, die wir uns ungern eingestehen: Wut, Scham oder Schuld. Dann behandeln Sie diese auf die gleiche Weise.

nen, sobald man mit BSFF dafür gesorgt hat, sich ausreichend ruhig und sicher zu fühlen. Denn dann ist man wirklich aufnahmefähig für den benötigten Lernstoff.

Angstfrei mittels der Gefühle

Wenn Sie gern mit Sprache umgehen, wird es Ihnen Spaß machen, mit den unterschiedlichen Formulierungsmöglichkeiten und ihrer Wirkung auf die Gefühlswelt zu spielen. Falls Ihnen das aber zu kompliziert vorkommt, konzentrieren Sie sich einfach auf das störende Gefühl, den hemmenden Gedanken oder Ihr Körpersymptom der Angst und denken lediglich: »Unterbewusstsein, bearbeite das mit BSFF. Jetzt. Schlüsselwort.« Beginnen Sie mit der Angst, von der Sie gerade den Eindruck haben, dass Sie sie loslassen könnten. Schauen Sie hierfür in Ihr Notizbuch und entscheiden Sie aus dem Bauch heraus, was jetzt ansteht.

Tricks für den Anfang

Falls es Ihnen schwerfällt, gleichzeitig BSFF-Sätze zu formulieren und sich auf Ihr Innerstes zu konzentrieren, gibt es zwei Tricks: Sie schreiben die Sätze zunächst auf und lesen sie dann, während Sie in sich hineinspüren und die Veränderungen wahrnehmen.
Oder Sie nehmen die Sätze auf und lauschen dann ganz entspannt den Suggestionen Ihrer eigenen Stimme. Diese Vorgehensweise ist vor allem dann sinnvoll, wenn Sie Erinnerungen oder Herausforderungen mit extrem hoher emotionaler Ladung bearbeiten. Denn je tiefer Sie in diesen unangenehmen Gefühlen stecken, desto schwieriger ist natürlich das Formulieren geeigneter Behandlungssätze. Mit etwas Übung werden Sie aber auch das bald in jeder Lebenslage spielend schaffen können.

Wo stehen Sie jetzt?

Haben Sie die angegebenen Abläufe für Ihre intensivsten Ängste bereits ausprobiert? Dann ist es Zeit für den Abgleich mit Ihrer Vision, die Sie als optimale Zielvorstellung für die Freiheit von dieser Angst formuliert haben (ab Seite 17). Tauchen Sie in dieses Szenario ein und erforschen Sie, wie realistisch es sich jetzt anfühlt. Ist Ihre Angst verschwunden, sodass Sie das innere Bild als uneingeschränkt zutreffend empfinden? Wunderbar! Herzlichen Glückwunsch!
Oder sträubt sich in Ihnen noch etwas? Entdecken Sie Zweifel? Auch das ist in Ordnung. Erforschen Sie, was genau sich in Ihnen querstellt. Wenn Sie es identifizieren können, lässt es sich leicht auflösen. Machtvolle Werkzeuge gegen innere Quertreiber finden Sie ab Seite 90.

> *Zweifel und Einwände möchten einfach ernst genommen werden.*

Akzeptieren, vergeben, verzeihen

BSFF ist eine offene Methode, die sich vielseitig einsetzen lässt und die Sie selbst nach Ihren eigenen Bedürfnissen und Vorlieben verändern und erweitern können. Immerhin geht es um den direkten Draht zu Ihrem Unterbewusstsein, das Sie mit BSFF zu einem helfenden Freund machen. Und wie Sie am liebsten mit diesem Freund sprechen, wissen Sie am besten. Deshalb werden Sie vermutlich auch früher oder später anfangen, damit zu spielen und Ihre ganz persönlichen BSFF-Anwendungen zu kreieren, sobald Sie sich daran gewöhnt haben, mit der Methode zu arbeiten, und ihre faszinierende Wirkung erspürt haben.

Sich selbst annehmen

Bei allen Anwendungen – genauso wie bei der Grundform von BSFF, die Sie schon gelernt haben – ist eines wichtig: Gehen Sie behutsam, geduldig und liebevoll mit sich um. Insbesondere Mitgefühl für sich selbst sollten Sie an den Tag legen, Selbstakzeptanz und (Selbst-)Vergebung.

☙ Überblick: Was ist alles möglich mit BSFF?

Zusätzlich zu den schon geschilderten Interventionen ist mit BSFF noch einiges mehr möglich:

- Sie können belastende Erinnerungen neutralisieren.
- Das innere Kind lässt sich mit BSFF »nachbeeltern«, indem Sie ihm die Liebe, Bestätigung oder Aufmerksamkeit geben, nach der es sich schon so lange sehnt.
- Sie können innere Anteile integrieren, also Persönlichkeitsanteile, die Sie sabotieren, mit ins Boot holen.

Das klingt ein wenig pathetisch, ist im Grunde aber ganz einfach: Was Sie leugnen oder abwerten, können Sie kaum beeinflussen. Und wenn Sie sich oder anderen etwas vorwerfen, belastet das vor allem Sie. Also ist es sinnvoll, sich diesen beiden Themen intensiver zu widmen.

Selbstakzeptanz

Wenn Sie ein Gefühl wie Angst beeinflussen wollen, ist es erforderlich, sich dieses Gefühl erst einmal zuzugestehen und sich selbst mit der Angst anzunehmen. Das fällt den meisten Menschen nicht ganz leicht. Schließlich neigen wir ja alle dazu, uns einzureden, dass wir toll, stark, schön und erfolgreich sein müssen, um liebenswert zu sein. Also trachten wir nicht nur danach, unsere Schwächen und ungeliebten Persönlichkeitsaspekte vor den anderen zu verbergen, wir leugnen sie auch vor uns selbst. Als Sie sich forschend mit den Sätzen aus Kapitel 1 beschäftigt haben, war das bereits ein großer Schritt in Richtung Veränderung. Vielleicht haben Sie schon einiges Verdrängtes ans Licht bringen können.

Nun kommt das Wichtigste: die klare innere Bereitschaft, sich zu lieben und zu akzeptieren, obwohl Sie bestimmte Ängste haben. Sagen Sie Ja zu sich als einem Menschen mit Stärken und Schwächen, mit Talenten und Defiziten. All das macht Ihre Individualität aus. Sie sind großartig und liebenswert, auch wenn Sie nicht perfekt sind und eben auch, wenn Sie in manchen Situationen Angst haben. Keine Sorge, Sie bleiben nicht in Ihrer Angst hängen, nur weil Sie sie akzeptieren – ganz im Gegenteil. Diese Akzeptanz gibt Ihnen erst Zugriff auf das, was Sie ändern wollen.

(Selbst-)Vergebung

Verwandt mit der Selbstakzeptanz ist die Selbstvergebung. Im Prinzip ist sie schon in der BSFF-Vergebungsarbeit enthalten, wenn Sie am Ende der Durchgänge sagen oder denken: »Unverzeihen gegenüber anderen. Jetzt. Schlüsselwort.« Und: »Unverzeihen mir selbst gegenüber. Jetzt. Schlüsselwort.«

Das Thema lässt sich aber auch extra behandeln, wenn Ihnen das sinnvoll erscheint. Viele Menschen sind auf sich selbst wegen ihrer Ängste oder Selbstzweifel wütend und werfen sich diese Gefühle immer wieder vor. Sie kritisieren sich für ihre Unvollkommenheit und geben sich selbst unangebrachterweise die Schuld für ihre Probleme. Falls Sie so etwas von sich selbst oder Nahestehenden kennen, wissen Sie wahrscheinlich auch, dass es zu nichts Gutem führt.

In solchen Fällen ist eine zusätzliche Vergebungsarbeit hilfreich. Möglicherweise erleben Sie nach einer solchen Behandlung einen Energieschub. Das passiert häufig, denn auf uns selbst böse zu sein oder uns zu kritisieren, ist ausgesprochen energieaufwändig. Sich zu vergeben bewirkt, dass uns genau diese Energie wieder für andere Zwecke zur Verfügung steht.

Übung: Selbstakzeptanz mit BSFF

Fällt Ihnen Selbstakzeptanz bezüglich einer Angst schwer, lässt sich das wie folgt angehen:

- Geben Sie Ihrem Unterbewusstsein den Auftrag, jeden Zweifel, Einspruch oder Widerstand gegen den Satz zu beseitigen: »Obwohl ich diese Angst vor (bitte ergänzen Sie hier Ihren Angstauslöser) habe, liebe und akzeptiere ich mich so, wie ich bin. Jetzt. Schlüsselwort.«

- Wenn Sie dazu neigen, selbstkritisch oder selbstverurteilend zu sein, wirkt solch ein Satz wohltuend. Er öffnet die Tür zur Veränderung. Und natürlich können Sie auch hier wieder eigene Sätze finden, die Ihnen noch besser helfen.

Übung: Sich selbst vergeben

Die weiterführende Vergebungsarbeit könnte wie folgt aussehen. Sagen Sie zu sich selbst:

- »Unterbewusstsein, bitte behandle diese enorme Wut auf mich selbst, weil ich in dieser Situation immer Angst habe, mit BSFF. Jetzt. Schlüsselwort.«
- »Unterbewusstsein, ich bin jetzt bereit, diese Wut Schritt für Schritt loszulassen und frei davon zu sein. Jetzt. Schlüsselwort.«
- »Unterbewusstsein, ich vergebe mir jetzt, dass ich so lange diese Ängste mit mir herumgetragen habe. Ich weiß: Ich habe mein Bestes getan. Schlüsselwort.«
- »Unterbewusstsein, ich bin jetzt bereit, mir meine Ängste zu verzeihen. Jetzt. Schlüsselwort.« Auch hierbei gibt es keine zwingenden Formulierungen, sagen oder denken Sie, was für Sie passend ist. Das kann auch ein ganz einfacher Satz sein:
- »Ich vergebe mir jetzt von Herzen, dass ich so lange so ängstlich war. Jetzt. Schlüsselwort.«

Anderen vergeben

Das Gleiche gilt auch bei Schamgefühlen, dem Druck, perfekt sein zu müssen, Schuldgefühlen und unrealistischen Erwartungen an sich selbst. Genauso bindet und raubt es Ihnen aber auch Energie, wenn Sie Kritik, Groll oder Wut gegenüber anderen hegen, die vielleicht für die Entstehung Ihrer Angst (mit) verantwortlich sind. Den Groll auf diese Personen loszulassen, ist eine Entscheidung, die in erster Linie Ihnen selbst guttut.

Innerlich bereit?

Bevor Sie einem anderen Menschen vergeben, sollten Sie aber in sich hineinhorchen, ob Sie wirklich dazu bereit sind. Es könnte sich dann eine innere Stimme melden, die findet, dass die Vergebung die Tat banalisiert: »Willst du etwa vergessen, was der andere getan hat? War das etwa nicht schlimm?!« Oder: »Du kannst ihn doch nicht von seiner Schuld freisprechen!« Bei solchen Widerständen ist es hilfreich, sich klarzumachen, dass man nicht vergibt, um der anderen Person einen Gefallen zu tun, sondern um sich selbst freier und kraftvoller zu fühlen. Dies mindert keinesfalls die Bedeutung des Geschehenen, aber es ermöglicht, die Vergangenheit loszulassen. Andernfalls trägt man sie wie eine Last mit sich und bleibt mit der anderen Person verbunden.

Die Seele des anderen

Bei schweren emotionalen Verletzungen fällt es leichter zu verzeihen, wenn wir entscheiden, nur dem unschuldigen Anteil des

Übung: Vergebung bei tiefer Wut und Groll

Bei schwerwiegenden Verletzungen sollten Sie zunächst die Riesenwut oder den tief sitzenden Groll behandeln.

- Sagen Sie: »Unterbewusstsein, bitte entferne diese enorme Wut und diesen Ärger auf (Name der Person) mit BSFF. Jetzt. Schlüsselwort.« Diese Wut bearbeiten Sie so lange, bis sie nicht mehr spürbar ist.

- Dann kommt das Verzeihen: »Ich bin bereit, zu wissen, dass (Name) damals sein Bestes getan hat und es nicht besser wusste. Jetzt. Schlüsselwort.« Und: »Ich entscheide zu erleben, dass es mir jetzt gelingt, (Name) vollständig zu verzeihen. Jetzt. Schlüsselwort« Oder: »Ich entscheide jetzt (Name) von Herzen zu vergeben. Jetzt. Schlüsselwort.«

Täters, also seiner Seele oder seinem eigenen verletzten Inneren, seinem Wesenskern, zu verzeihen. Diesem Anteil kann so gut wie jeder vergeben, und danach fühlt man sich wie innerlich gereinigt – und frei voranzugehen.

Meist ist es nach so einer Übung gar nicht nötig, zusätzlich im realen Leben auf die andere Person zuzugehen. Oft harmonisiert sich die Beziehung wie von allein oder man merkt, dass sich die Wege einfach friedlich trennen.

Übung: Verzeihen mittels Visualisation

Diese Übung eignet sich besonders für Menschen, die stärker visuell veranlagt sind.

- Stellen Sie sich vor, wie die Person, der Sie vergeben möchten, vor Ihnen steht. Sie sind durch energetische Fäden miteinander verbunden, die für die negativen Emotionen stehen.

- Bitten Sie eine Wesenheit herbei, der Sie die Macht zugestehen, diese Verbindungen liebevoll und sauber zu durchtrennen. Sie können hierfür jede fiktive oder reale Figur, Person oder Wesenheit einsetzen, zu der Sie einen Bezug haben, und sie mit einem Werkzeug ausstatten: einem Schwert, einer Schere oder auch einer Kettensäge.

- Beobachten Sie, was in Ihnen passiert, wenn nun alle Verbindungen durchtrennt werden. Was verändert sich? Empfinden Sie Befreiung und Erleichterung?

- Nun stellen Sie sich vor, wie der Mensch, der Sie verletzt hat, Sie aufrichtig um Verzeihung bittet. Sie vergeben ihm und entschuldigen sich bei ihm für Ihren Anteil am Konflikt. Auch er verzeiht Ihnen. Vielleicht umarmen Sie einander, bevor Sie sich verabschieden.

Das Vergangene loslassen

Im zweiten Kapitel sind Sie in Ihre Vergangenheit eingetaucht und haben so manche schmerzvolle Erinnerung, die für Ihre heutige Angst verantwortlich ist, wieder ins Bewusstsein geholt und im Notizbuch festgehalten. Wenn Sie nun lesen, dass Sie in genau diese alten Szenen wieder eintauchen sollen, wird Sie das vermutlich kaum begeistern.

Langfristige Erfolge

Vielleicht kann Sie dies motivieren: Wenn Sie sich darauf beschränken, Ihre Ängste, Zweifel und Hemmungen zu behandeln, ohne sich deren Wurzel zu widmen, kann es gut sein, dass der Erfolg nicht nachhaltig ist. Sie müssen diese Gefühle dann immer wieder neu behandeln, weil sie doch ab und an erneut auftauchen. Nehmen Sie sich aber die alten Erfahrungen, die Ihre emotionale Reaktion steuern, etwas gründlicher vor, erzielen Sie anhaltende Veränderungen. Außerdem, und das ist ein ganz angenehmer Unterschied zu Therapieformen, bei denen man sich intensiv mit alten Erlebnissen beschäftigt: Sie brauchen nur kurz einzutauchen und genießen dann rasch die positive Veränderung.

Das Vergangene ist mächtig

Warum aber wirkt die Vergangenheit überhaupt so stark in uns nach? Die Ursache liegt in den neuronalen Mustern, die in unserem Gehirn entstehen, wenn wir lernen. Und mit »lernen« ist jedes Erlebnis gemeint, das uns beeinflusst – gewollt oder ungewollt. Es kann sich dabei um etwas handeln, das sich wiederholt ereignet oder auch um ein einmaliges, mit intensiven Gefühlen verbundenes Ereignis. Wenn beispielsweise ein Vater zu seiner Tochter immer wieder sagt: »Du als Mädchen schaffst das ja doch nicht«, bewirkt dies eine unbewusste Prägung im Kind.

Physiologisch betrachtet kommt es zur Entwicklung eines neuronalen Musters in Bezug auf das Thema »Mädchen/Erfolg«. Sie können sich dies so vorstellen, dass Nervenzellen, die durch den Satz des Vaters stimuliert wurden, weitere Nervenzellen anstupsen, diese stimulieren wieder andere und so fort. Auf diese Weise entsteht in dem Mädchen die Idee von Hilflosigkeit. Und wenn es – oder später die erwachsene Frau – mit Reizen konfrontiert wird, die dieses neuronale Muster aktivieren, wird sie sich aufgrund der Konditionierung hilflos und klein fühlen, auch wenn sie über die erforderlichen Ressourcen verfügt, um die Herausforderung zu bewältigen. Abhilfe schafft eine Dekonditionierung, bei der die alten neuronalen Muster aufgelöst werden. Genau dies leistet BSFF.

Gesunde Basis für die Zukunft

Die Behandlung von prägenden alten Erfahrungen muss häufig auch der Vergebungsarbeit vorausgehen. Denn erst, wenn es in Ihrem Inneren aufgeräumt ist, finden alter Groll und verletzte Wut keine Schlupfwinkel mehr. Sie werden dann erleben, dass Sie insgesamt gelassener werden und in Situationen, die bis dato Ihre Angstmuster angesprochen haben, verblüffend ruhig und entspannt bleiben.

Und das Beste daran ist: Es geht dank einer von mir entwickelten Vorgehensweise auch ausgesprochen schnell. Mit der Ursprungsform von BSFF können Sie jeden Aspekt Ihrer Erfahrung einzeln bearbeiten und auflösen. Das ist arbeitsintensiv.

Nun aber gibt es einen Weg, wie sich dieser Prozess viel effektiver gestalten lässt, sofern es sich um angstbehaftete Prägungen und Konditionierungen handelt, die durch eine klar umreißbare Szene aus der Vergangenheit verursacht wurden. Beim Einsatz der neuen BSFF-Form sagen wir dem Unterbewusstsein, es soll die gesamte Situation und alle Konditionierungen behandeln, die durch diese Erfahrung entstanden sind. Anregungen für mögliche Behandlungssätze finden Sie in diesem Beispiel:

Beispiel Verlassenheitsangst

Um Ihnen zu illustrieren, wie diese Methode funktioniert, kehren wir zu dem Beispiel der jungen Frau mit den Verlassenheitsängsten aus Kapitel 2 zurück. Die Frau war als Kind einmal von ihrer Mutter zu Verwandten ins Ausland gegeben worden. Obwohl sie eigentlich keine klare Erinnerung an dieses Ereignis hatte, ließ sich die Situation des kleinen Mädchens gut rekonstruieren. Die junge Frau tauchte bei der Bearbeitung also in die entsprechende Situation ihrer Kindheit ein: Sie war fünf Jahre alt, ihre Mutter ließ sie bei »fremden Menschen« zurück und ging weg. Das kleine Mädchen konnte überhaupt nicht begreifen, dass dies nur eine temporäre, notwendige Trennung war. Für das Kind fühlte es sich an, als würde es für immer verlassen. Die Frau ging tief in die Szene hinein: Sie sah die Mutter sich umdrehen und fortgehen und spürte sehr genau, wie es dem kleinen Mädchen in diesem Moment ging: Es erlebte pure existenzielle Angst.

Die BSFF-Bearbeitung

Sie bearbeitete das Erlebnis zunächst mit dem pauschalen Satz:

● »Unterbewusstsein, behandle alles, was ich damals gesehen, gehört, gefühlt und erlebt habe, mit BSFF. Jetzt. Schlüsselwort.«

Sie hätte alternativ wählen können:

● »Unterbewusstsein, bitte behandle jede Facette dieser Erinnerung – alles was ich gesehen, gehört, gefühlt habe – mit BSFF. Jetzt. Schlüsselwort.«

> *Nur ein kurzes Eintauchen in die alte Angst, und schon kommt die Befreiung.*

Dann wurde sie etwas genauer:
● »Unterbewusstsein, bitte behandle diese existenzielle Angst, diese völlige Verunsicherung und Panik des kleinen Mädchens mit BSFF. Jetzt. Schlüsselwort.«
Dann kamen einige universell einsetzbare, ungemein praktische Sätze, die auch Sie nutzen können:
● »Unterbewusstsein, bitte durchtrenne jede energetische Verbindung zwischen dem, was ich damals gesehen, gehört, gefühlt und erlebt habe, und meinem heutigen Fühlen, Denken und Handeln mit BSFF. Jetzt. Schlüsselwort.«
● »Unterbewusstsein, bitte entferne jede Konditionierung, jedes Gefühl, jeden Glaubenssatz, jeden Verhaltensautomatismus, jeden Gedanken, der durch diese damalige Erfahrung in mir entstanden ist, mit BSFF. Jetzt. Schlüsselwort.«
● »Unterbewusstsein, ich erlaube mir nun, jeglichen Bezug zur damaligen Erfahrung vollständig loszulassen und frei davon zu sein. Jetzt. Schlüsselwort.«

● »Unterbewusstsein, ich genieße jetzt, zu spüren, dass ich frei bin von jeglicher Prägung, Konditionierung, jedem Glaubenssatz, jedem Einfluss dieser alten Erfahrung auf mein heutiges Fühlen, Denken, Handeln. Sein. Jetzt. Schlüsselwort.«

Erfolgreich – in kurzer Zeit

Was sich hier lang und umständlich liest, war in der Arbeit mit der jungen Frau eine Sache von wenigen Minuten. Danach machte sie die verblüffende Erfahrung, dass der Gedanke an die Situation mit ihrer Mutter sie völlig kaltließ. Und – was noch wichtiger war – auch die Vorstellung, ihr Freund käme abends viel später nach Hause als angekündigt, brachte sie nicht mehr aus der Ruhe. Von diesem Tag an war das Muster gelöst. Auch wenn ihr Freund später kam, beschäftigte sie sich mit Dingen, die ihr Spaß machten, und begrüßte ihren Partner bei seiner Heimkehr entspannt und liebevoll.

Lassen Sie das Alte gehen

Auch Sie können solche Erfolge erzielen. Schauen wir uns an, was genau gemacht wurde. Zunächst wurde die ursächliche Situation ins Auge gefasst. Bei der jungen Frau wussten wir bereits, dass es sich dabei um das Erlebnis in der frühen Kindheit handelte. Auf den Seiten 30 und 31 haben Sie Übungen kennengelernt, die Sie zu den prägenden Erlebnissen führten, auf denen Ihre Angst ursächlich beruht. Mit einer solchen Situation aus der Vergangenheit arbeiten Sie analog zu unserem Beispiel weiter.

Reinigung vom Alten

Im ersten Schritt haben wir dem Unterbewusstsein der jungen Frau gesagt, dass es pauschal alles behandeln soll, was mit dem damaligen Ereignis zusammenhing. Als Nächstes kamen die negativen Gefühle an die Reihe. Weil das Unterbewusstsein am stärksten auf Bilder reagiert, können Sie in diesem Schritt gut mit der Vorstellung arbeiten, energetische Verbindungen zu durchtrennen. Das können Sie, so wie auf Seite 78 beschrieben, mit der Hilfe eines machtvollen Wesens in Ihrer Imagination tun. Oder Sie stellen sich eine große Schere vor, die die Verbindungen kraftvoll durchtrennt. Das gibt sofort ein gutes Gefühl.

Das Neue ist positiv

Um die alte Erinnerung nun mit positiven Emotionen zu überlagern, können Sie noch einen oder mehrere Sätze hinzufügen, die Formulierungen wie »frei«, »loslassen« oder »ich genieße, frei zu sein« enthalten. Sie arbeiten also mit Affirmation, mit denen wir uns ab Seite 86 noch ausführlich beschäftigen werden. Sie sagen Ihrem impliziten System so etwas wie »Bitte behandle jeden Zweifel, Einwand oder Widerstand in Bezug auf den folgenden Satz: …« Es folgt Ihre positive Affirmation und dann »Jetzt« und Ihr Schlüsselwort.

Die junge Frau aus unserem Beispiel hatte dafür die Sätze gewählt:

● »Unterbewusstsein, ich erlaube mir nun, jeglichen Bezug zur damaligen Erfahrung vollständig loszulassen und frei davon zu sein. Jetzt. Schlüsselwort.«

● »Unterbewusstsein, ich genieße jetzt, zu spüren, dass ich frei bin von jeglicher Prägung, Konditionierung, jedem Glaubenssatz, jedem Einfluss dieser alten Erfahrung auf mein heutiges Fühlen, Denken, Handeln. Sein. Jetzt. Schlüsselwort.«

Spezielle Ergänzungen

In welchem Umfang Sie solche Sätze dann noch um individuellere Anwendungen ergänzen sollten, werden Sie selbst spüren. Bei dem Mutterthema könnte beispielsweise zusätzliche Vergebungsarbeit angebracht sein, wenn die junge Frau merkt, dass sie der Mutter für die Entscheidung, sie wegzugeben, grollt. Oder sie nimmt Schuldgefühle in sich selbst wahr, weil ihr Freund unter ihren Verlassenheitsängsten leiden musste. Vielleicht wirft sie sich auch vor, so lange in den alten inneren Mustern verharrt zu haben. In solchen Fällen wirken einige Durchgänge von Selbstvergebung reinigend und befreiend. Sie sagt dann beispielsweise:

● »Ich bin jetzt bereit, jeden Groll auf meine Mutter loszulassen und ihr von Herzen zu verzeihen. Jetzt. Schlüsselwort.«

● »Unterbewusstsein, bitte behandle jedes Schuldgefühl, das ich in Bezug auf meinen Freund habe. Jetzt. Schlüsselwort. «

● »Ich erlaube mir jetzt, mir zu verzeihen, dass ich so lange in meinem alten Muster festhing. Jetzt. Schlüsselwort.«

Ob auch Ihr spezielles Thema Aspekte von Ärger gegenüber sich oder anderen beinhaltet, können nur Sie selbst erspüren.

Den gesamten Ablauf, wie Sie sich von hemmenden Ängsten, die auf Vergangenem beruhen, befreien, finden Sie auf der folgenden Seite.

Übung: Befreiung von Vergangenem

- Wählen Sie eine Angst, bei der Sie eine prägende frühere Erfahrung als Wurzel identifizieren konnten. Erspüren Sie die Intensität der Angst, von der Sie sich jetzt befreien wollen. Versetzen Sie sich in das Szenario der prägenden Erfahrung hinein und beurteilen Sie, wie stark Ihre Gefühle dabei sind.

- Dann führen Sie den BSFF-Ablauf durch, Sie sagen: »Unterbewusstsein, behandle alles, was ich in dieser Situation gesehen, gehört, gefühlt und erlebt habe, mit BSFF. Jetzt. Schlüsselwort.«

- Vielleicht möchten Sie die Sitzung noch um Affirmationen oder Entscheidungssätze ergänzen, die Ihnen genau das positive Gefühl geben, das Sie damals gebraucht hätten? Zum Beispiel: »Ich entscheide, dass ich mich sicher und geborgen fühle« oder »Ich genieße es, mutig meinen Weg zu gehen und mich am Leben zu erfreuen.« Lassen Sie sich Zeit, arbeiten Sie in Ruhe.

- Nun machen Sie den Check: Versetzen Sie sich noch einmal in die alte Erinnerungssituation: Erleben Sie den Ablauf der damaligen Ereignisse noch in der gleichen Art und Weise oder fühlen Sie sich anders? Sind Sie noch in das Geschehen involviert oder kommen Sie sich eher wie ein unbeteiligter Beobachter vor? Und Ihre Angst, die Sie loswerden wollten? Probieren Sie die Bewältigung der ursprünglich angstbesetzten Situation in Ihrer Fantasie aus und gleichen Sie das Ergebnis mit Ihrer schriftlichen Ziel-Visualisierung ab. Identisch? Alles ist jetzt so wie gewünscht? Herzlichen Glückwunsch zu diesem Erfolg!

Helfen Affirmationen?

Das sogenannte Positive Denken ist Ihnen vielleicht vertraut. Und möglicherweise fühlen Sie sich daran erinnert, wenn Sie hier lesen, dass Sie positive Sätze nutzen sollen. Wenn Sie schon einmal versucht haben, Ihre Gefühle, Gedanken oder Handlungen mithilfe von Affirmation zu verändern, haben Sie eventuell die Erfahrung gemacht: Es ist schwierig!

Das Positive Denken

Das Konzept des Positiven Denkens entstand bereits in der zweiten Hälfte des 19. Jahrhunderts, Sie kennen es vielleicht aus den Büchern von Joseph Murphy, Erhard F. Freitag, Dale Carnegie und Norman Vincent Peale. Sie alle raten dazu, das angestrebte Ziel in einer Affirmation so zu formulieren, als sei es schon erreicht. Also »Ich bin erfolgreich« oder »Ich bin gesund.« Man soll diesen Satz kontinuierlich wiederholen, bis er zu einer neuen Wahrheit im Unterbewusstsein geworden ist und sich verwirklicht. Ergänzt wird dies durch Visualisierungen, bei denen man emotional in die schöne, neue Realität des erreichten Zieles eintaucht. Diese Art der Selbstbeeinflussung haben Sie bereits ab Seite 17 probiert.

Wie wir wissen, lernen wir tatsächlich durch Wiederholungen und bilden entsprechende neuronale Muster aus. Allerdings passiert dies nur dann in der gewünschten Weise, wenn wir für die Worte und Bilder offen und aufnahmebereit sind. Bezweifeln wir, was wir da hören oder sehen, und leisten wir innerlich Widerstand, verhindert dies den Erfolg. Was also tun?

Klappt das bei Ängsten?

Würden wir einfach so Affirmationen nutzen, wie man es landläufig angibt, dann hieße das bei der Bearbeitung von Ängsten, Sie müssten sich wieder und wieder

Sätze vorsagen wie »Ich bin mutig«, »Ich fühle mich vollkommen entspannt« oder »Ich fühle mich völlig sicher darin, dieses oder jenes zu tun.« Probieren Sie das einmal aus. Wie reagiert Ihr Innerstes darauf? Vermutlich signalisiert es Ihnen Zweifel oder Einsprüche wie »Das stimmt doch aber gar nicht«, »Hm, glaube ich nicht« , »Geht doch gar nicht!« oder »Das schaffe ich nicht.« Das ist auch kein Wunder, denn die Diskrepanz zwischen Ihrer subjektiven Realität und der Aussage der Affirmation ist einfach viel zu groß.

Als eine Möglichkeit, diese Kluft zu überwinden, haben Sie bereits die Entscheidungssätze nach Carrington kennengelernt. Damit formulieren Sie Affirmationen wie »Ich entscheide, mich entspannt zu fühlen« oder »Ich entscheide, mich mutig und bereit für die Herausforderung zu fühlen.« In Kombination mit einer vorangegangenen BSFF-Problembehandlung funktioniert das sehr häufig bestens.

Schwere Ängste auflösen

Aber wenn die Angst riesengroß ist, hinter dem Ganzen hartnäckige Selbstwertthemen stecken oder es andere unbewusste Sabotagemechanismen gibt, benötigen Sie einen anderen Typus von Affirmationen. Nämlich solche, die den scheinbar unmöglichen Veränderungsschritt in viele kleine Babyschritte zerlegen, zu denen Ihre innere Stimme mühelos Ja sagen kann. Außerdem sind diese Affirmationsformulierungen so konzipiert, dass sie auch innere Veränderungswiderstände aushebeln, von denen Sie gar nicht wissen, dass sie da sind. Die Sätze gleiten einfach ganz sanft, weich und flauschig in Ihr Bewusstsein und Unterbewusstsein und werden dort mit BSFF verankert. Wenn Sie mehrere dieser hirnschmeichelnden Sätze nacheinander sagen oder denken, die jeder für sich nur eine Mini-Veränderung bewirken, gelingt plötzlich die große Veränderung ganz mühelos. Klingt gut, oder?

Freudig und abwechslungsreich

So eine Arbeit in Richtung Gelassenheit darf natürlich auch Spaß machen und abwechslungsreich sein. Diese neue Form von Affirmationen soll Ihnen daher ganz vielfältig und positiv emotionsgeladen vorgestellt werden. Sie erhalten auf der folgenden Seite so etwas wie einen Baukasten von Satzbausteinen, die Sie je nach Bedarf miteinander kombinieren können. Damit lassen sich alle denkbaren Affirmationen bilden: maßgeschneidert für Ihre Zweifel und Einwände. Sie können damit sogar mehrere Einwände in einem Satz aushebeln, während Sie noch ein positives Gefühl in sich verankern.

Ein Beispiel

Sie haben zwar die Absicht, Ihre Angst vor emotionaler Verletzung zu behandeln, halten das insgeheim aber für schwierig und können sich aufgrund eines angeschlagenen Selbstwertgefühls die innere Heilung nicht zugestehen. Das ist ein Dilemma, denn Sie wollen die Angst ja loswerden, hindern sich unbewusst aber selbst daran. Also zergliedern Sie Ihre Affirmation in mehrere einzelne Sätze. Sie beginnen etwa folgendermaßen:

- »Ich verdiene, zu erleben, dass es verblüffend leicht ist, diese Angst loszulassen. Jetzt. Schlüsselwort.«

Wenn Sie dem innerlich zugestimmt haben, fahren Sie fort:

- »Ich bin bereit, zu erleben, dass es verblüffend leicht ist, diese Angst loszulassen. Jetzt. Schlüsselwort.«

Dann könnte folgen:

- »Ich entscheide, zu erleben, dass es mir gelingt, diese Angst loszulassen. Jetzt. Schlüsselwort.«

Und zum Schluss noch eine ordentliche Dosis gute Gefühle:

- »Ich genieße es, zu spüren, wie gut es sich anfühlt, diese Angst loszulassen und frei davon zu sein. Jetzt. Schlüsselwort.«

Lesen Sie sich diese Sätze noch einmal laut vor. Merken Sie, wie angenehm und wirkungsvoll es ist, so liebevoll mit sich zu sprechen?

Das Baukastensystem für positive Gefühle

Diesen verbalen Baukasten können Sie nach Belieben nutzen, ändern und erweitern. Spüren Sie in sich hinein, was Ihnen so richtig guttäte und ein wohliges Gefühl in Ihnen hervorriefe, und puzzeln Sie mit den Satz-Fragmenten Ihre Behandlungssätze zusammen. Am Ende fügen Sie immer »jetzt« und Ihr Schlüsselwort hinzu.

Falls Sie nicht sicher sind, ob Sie innere Einwände gegen das Loslassen der Ängste und Prägungen in sich tragen, wählen Sie prophylaktisch die entsprechenden Satzelemente aus der Tabelle. Einen inneren Bremser wie »Ich verdiene es nicht, von diesem Problem befreit zu sein«, können Sie beispielsweise mit dem Element »… dass ich es verdiene, …« mundtot machen. Ein hemmendes »Das klappt doch nicht!« wird mit den Satzteilen »… für möglich zu halten …« oder »… dass es möglich ist« ausgehebelt. All das kostet Sie nur 30 Sekunden und bewirkt Erstaunliches.

Ich erlaube mir, …	… für möglich zu halten, …	… dass es (mir) erlaubt ist, …
Ich entscheide, …	… zu erleben, …	… dass es sicher ist, …
Ich bin jetzt bereit, …	… mich davon überraschen zu lassen, …	… dass ich es verdiene, …
Ich freue mich, …	… zu spüren, …	… dass es möglich ist, …
Ich genieße, …	… zu wissen, …	… dass es total okay ist, …
	… sicher zu sein, …	… dass es verblüffend leicht ist, …

Den Baukasten intensiv nutzen

Die Seite 89 gibt Ihnen ein umfassendes Sortiment an Formulierungen, mit denen Sie Einwände gegen die Angstfreiheit Schritt für Schritt überwinden können. Je kleiner die Schritte, umso besser. Wählen Sie die Sätze daher immer so, dass Ihre innere Stimme signalisiert: »Ja, diesen kleinen Schritt schaffe ich.« Mit dieser Strategie lassen sich in Minutenschnelle tief greifende Veränderungsprozesse bewirken.

Das Ziel benennen

Ihr letzter BSFF-Satz benennt stets Ihren Zielzustand, und auch hier hängt die Wahl der Formulierung von Ihrem Bauchgefühl ab. Was entspricht Ihren Bedürfnissen am meisten und sorgt für die richtige innere Haltung? Sie können sich »erlauben«, sich »sicher sein« oder sich »davon überraschen lassen«, dass Sie sich gut, wohl, sicher, entspannt, stark oder geliebt fühlen. In jedem Fall wird es das Gegenteil von Ihrer jetzigen Angst sein.

Stärkste Widerstände austricksen

Manchmal hat man es mit Problemen zu tun, die sich jeder noch so einfühlsamen BSFF-Intervention störrisch widersetzen. Was tun? Probieren Sie Folgendes:

Die Prozentbehandlung

Sie geben Ihrem Unterbewusstsein die Anweisung, lediglich 1 Prozent der Angst (oder anderer belastender Gefühle) loszulassen. Ein einziges, mickeriges Prozent – bei einer so kleinen Anforderung gibt es praktisch nie Blockaden. Hat es dann geklappt, tastet man sich in der Gewissheit des ersten Erfolges in weiteren Minischritten vorwärts. 5 Prozent? Ist machbar. 10 Prozent? Auch das ist jetzt möglich.
So arbeiten Sie sich durch die Widerstände hindurch, bis Sie eine hundertprozentige Zustimmung Ihres Inneren, ein völliges Loslassen des Problems erreicht haben.

In Prozentschritten ins Plus

Diese Strategie können Sie auch umdrehen. Das heißt, Sie tasten sich prozentweise an das heran, was Sie sich wünschen. Dann setzen Sie die Methode beispielsweise ein, um Ihr Unterbewusstsein mit Mut und Selbstvertrauen auszustatten. Sie können dies auch in einem Satz zusammen mit dem Lösen der Ängste kombinieren. Bestimmt gefallen Ihnen die entsprechenden BSFF- Behandlungssätze?

● »Unterbewusstsein, bitte entferne meine Angst Stück für Stück und ersetze sie durch 1 Prozent Mut. Jetzt. Schlüsselwort.«

Egal wie erschreckend Sie eine Situation auch finden – 1 Prozent Mut werden Sie sich zugestehen können. Und von dieser Basis aus können Sie sich weiter voranarbeiten. Vielleicht ist das, was Sie brauchen, gar kein Mut, sondern vielmehr Zuversicht, Vertrauen in Ihre Fähigkeiten oder ins Leben, Sicherheit, Geborgenheit – was immer Ihnen guttut, können Sie stufenweise in sich verankern.

Der Regler für Ihre Angst

Ist Ihnen die Arbeit mit Prozenten zu abstrakt? Sie können den gleichen Effekt erreichen, indem Sie sich einen Reglerknopf vorstellen, den Sie immer weiter Richtung Anschlag drehen. Wollen Sie das einmal ausprobieren? Dafür benötigen Sie zunächst ein Ziel, das durch die Maximalposition des Reglers repräsentiert wird. Vielleicht das Gefühl von Lebensfreude, Selbstsicherheit oder Kraft, das Sie in Ihren Visionen formuliert haben. Der Zustand, in dem Sie voll und ganz dieses Gefühl erleben, bedeutet: Regler auf Maximum.

Übung: Gute Gefühle per Reglerknopf

- Stellen Sie sich einen großen Reglerknopf vor. Wie ist die Skaleneinteilung? Ein voll aufgedrehter Regler könnte zum Beispiel einen Wert von 10 haben.
- Aktuell aber ist das erwünschte Gefühl nicht spürbar, die Situation, um die es Ihnen geht, fühlt sich nicht gut an: 0.
- Stellen Sie sich nun vor, wie Sie den Knopf von 0 auf 1 drehen. Erfühlen Sie Ihre innere Reaktion. Wenn Ängste, Widerstände oder auch körperliche Symptome auftreten, behandeln Sie sie mit BSFF, bis Ruhe eingekehrt ist.
- Drehen Sie den Regler auf 2. Was passiert? Bearbeiten Sie alles Unangenehme mit BSFF, bis es verschwunden ist.
- Wieder drehen Sie den Regler hoch. Fahren Sie so fort, bis Sie bei 10 angekommen sind und sich damit rundum wohlfühlen. Das erwünschte Gefühl ist nun Ihres geworden.

Ein Anwendungsbeispiel

Sie haben mittlerweile einen guten Überblick über einige Facetten und Elemente von BSFF gewonnen. Damit Sie sich den Gesamtablauf besser vorstellen können, soll an dieser Stelle ein Beispiel aus der Praxis etwas ausführlicher geschildert werden. Daran erkennen Sie Schritt für Schritt, wie sich auch komplexe Themen innerhalb von kurzer Zeit komplett auflösen lassen.

Sabine und die Liebe

Dies ist eine wahre Geschichte rund um das Thema Liebe und Partnerschaft. In ihr geht es um zwei Ängste, die viele Menschen besser kennen, als ihnen lieb ist:

Die Angst, nicht schön genug zu sein. Und die Angst, erneut verletzt zu werden. Sabine (36) hatte gerade in einer Singlebörse einen vielversprechenden Mann kennengelernt, traute sich aber nicht, ihm eine Chance zu geben. Im Weg standen ihr schmerzvolle Erfahrungen aus früheren Beziehungen. Sie war mehrfach gedemütigt und schließlich verlassen worden. Besonders prägend war, dass ein Freund sie immer wieder betrogen und sich letztlich mit dem Satz verabschiedet hatte: »Einer Frau mit deiner Figur kann man nicht treu sein.« Dabei war Sabine eine attraktive Frau mit einem fraulichen Becken, sie entsprach nur nicht dem von ihm bevorzugten knabenhaften Typ.

Aus dieser Erfahrung waren bei ihr unbewusst folgende machtvolle Glaubenssätze entstanden:

- »Ich bin nicht schön genug.«
- »Männer verletzen mich.«
- »Kein Mann meint es ernst mit mir. Ich kann ihnen nicht trauen.«

Sabines Weg aus der Angst

In sechs Schritten arbeitete sich Sabine mit BSFF aus den Ängsten und dem Misstrauen heraus.

Schritt 1: Altes auflösen

In diesem ersten Schritt wurden die Erinnerungen an die negativ prägende Erfahrung aufgelöst und die Gefühle neutralisiert. Und zwar mit folgenden Anweisungen bezüglich des Momentes, als der beschriebene Mann sie so schwer verletzte:

- »Unterbewusstsein, bitte behandle alles, was ich in diesem Moment gesehen, gehört und gefühlt habe. Jetzt. Schlüsselwort.«
- »Unterbewusstsein, bitte durchtrenne jede energetische Schnur oder Verbindung zu dieser Erfahrung. Jetzt. Schlüsselwort.«
- »Unterbewusstsein, behandle diesen Schmerz, diese Demütigung mit BSFF. Jetzt. Schlüsselwort.«

Den letzten Satz wiederholte Sabine mehrfach, aber mit nur mäßigem

Erfolg. Es musste also innere Widerstände gegen eine positive Veränderung geben.

Schritt 2: Widerstände neutralisieren

Also versuchte sie es mit diesen Formulierungen:

● »Unterbewusstsein, bitte behandle jetzt jeden Zweifel, Einspruch, Widerstand gegen den Satz: ›Ich erlaube mir, jetzt diesen Schmerz und diese Demütigung vollständig loszulassen und frei davon zu sein.‹ Jetzt. Schlüsselwort.«

● »Unterbewusstsein, behandle jeden Zweifel, Einspruch, Widerstand gegen den Satz: ›Ich verdiene es, diesen Schmerz und diese Demütigung loszulassen und frei davon zu sein.‹ Jetzt. Schlüsselwort.«

● »Unterbewusstsein, bitte behandle jeden Zweifel, Einspruch, Widerstand gegen den Satz: ›Ich genieße es, zu erleben, dass ich jetzt diesen Schmerz und diese Demütigung loslasse und frei davon bin. Jetzt. Schlüsselwort.«

Sie spürte in sich hinein und merkte, dass es sich gut anfühlte. Wäre immer noch ein Restschmerz spürbar gewesen, hätte sie beispielsweise ergänzen können:

● »Unterbewusstsein, löse diesen letzten Rest von Schmerz vollständig auf. Jetzt. Schlüsselwort.«

Schritt 3: Wut behandeln

Der Schmerz war gewichen, dafür trat ein neues Gefühl in den Vordergrund: Wut. Einerseits Wut auf den Mann, der sie verletzt hatte, zugleich auch Wut auf sich selbst, weil sie sich so lange von ihm hatte schlecht behandeln lassen.

Weil Sabine den Eindruck hatte, es sei ein guter Zeitpunkt, Wut und Groll loszulassen und dem Mann zu verzeihen, versuchte sie es mit den BSFF-Standardformeln:

● »Unverzeihen gegenüber jedem und allem. Jetzt. Schlüsselwort.«

● »Wut, Ärger und Verurteilung gegen mich. Jetzt. Schlüsselwort.«

● »Unverzeihen mir selbst gegenüber. Jetzt. Schlüsselwort.«

Das Ergebnis war mager, die Wut blieb. Also kleinere Schritte:

- »Ich bin jetzt bereit, 1 Prozent meiner Wut auf (Name) loszulassen. Jetzt. Schlüsselwort.«

Das fühlte sich machbar an. Entsprechend fuhr sie fort:

- »Ich entscheide, jetzt 10 Prozent meiner Wut auf (Name) loszulassen. Jetzt. Schlüsselwort.« Deutliche Erleichterung.

- »Ich entscheide, jetzt 50 Prozent meiner Wut auf (Name) loszulassen. Jetzt. Schlüsselwort.«

- »Ich entscheide, jetzt meine Wut auf (Name) vollständig loszulassen. Jetzt. Schlüsselwort.«

Nun war da aber noch die Wut auf sich selbst. Hier waren die beiden Sätze ausreichend:

- »Unterbewusstsein, behandle jeden Zweifel, Einspruch, Widerstand gegen den Satz: ›Ich bin jetzt bereit, mir von Herzen zu verzeihen, dass ich diese Behandlung zugelassen habe. Jetzt. Schlüsselwort.«

- »Unterbewusstsein, ersetze jedes Unverzeihen mir selbst gegen-über und jedes Schuldgefühl durch das Gefühl und den Satz: ›Ich habe getan, was ich konnte. Ich bin völlig okay.‹ Jetzt. Schlüsselwort.«

Schritt 4: Verzeihen

Nun fühlte Sabine sich stark genug, dem Mann zu verzeihen.

- »Unterbewusstsein, bitte behandle jeden Zweifel, Einspruch, Widerstand gegen den Satz: ›Ich bin jetzt bereit, (Name) von Herzen zu verzeihen. Jetzt. Schlüsselwort.«

- »Unterbewusstsein, bitte behandle jeden Zweifel, Einspruch, Widerstand gegen den Satz: ›Ich verzeihe (Name) vollständig und von Herzen.‹ Jetzt. Schlüsselwort.«

Schritt 5: Glaubenssätze löschen

Damit konnte Sabine sich nun um die negativen Glaubenssätze kümmern. Zu ihrer Überraschung fühlten die sich selbst ohne explizite Behandlung schon nicht mehr so machtvoll an. Doch sie wollte sie ganz bereinigt haben. Also formulierte sie für die erste Überzeugung:

● »Unterbewusstsein, behandle die Ansicht, dass ich nicht schön genug bin. Jetzt. Schlüsselwort.« Dabei wurde ihr deutlich, was dahintersteckte: der Gedanke, als Frau perfekt aussehen zu müssen, um schön zu sein. Also behandelte sie diesen Gedanken, und den Druck, den er auf sie ausübte. Der Druck wich, sodass sie das Thema beenden konnte:

● »Ich genieße zu wissen, dass ich schön und liebenswert bin, so wie ich bin. Jetzt. Schlüsselwort.« Das Misstrauen Männern gegenüber und die Angst vor erneuter Verletzung wichen schließlich entspannter Vorfreude auf das Date mit der Internetbekanntschaft, und zwar dank der Sätze:

● »Unterbewusstsein, behandle jeden Zweifel, Einspruch, Widerstand gegen den Satz: ›Ich entscheide, meinen Schutzpanzer ein Stück aufzumachen und Verliebtheit zu genießen.‹ Jetzt. Schlüsselwort.«

● »Unterbewusstsein, bitte behandle jeden Zweifel, Einspruch, Widerstand gegen den Satz: ›Ich entscheide jetzt, mich sicher genug zu fühlen, um mein Herz zu öffnen und Männern eine Chance zu geben. Jetzt. Schlüsselwort.«

● »Unterbewusstsein, bitte behandle jeden Zweifel, Einspruch, Widerstand gegen den Satz: ›Ich entscheide, mich bei dem Date entspannt, sicher und liebenswert zu fühlen.‹ Jetzt. Schlüsselwort.«

● »Unterbewusstsein, ersetze jeden unbewusst vorhandenen Rest von Angst durch ein wunderbares Gefühl von Sicherheit und Unverletzlichkeit. Jetzt. Schlüsselwort.«

Schritt 6: Die Stopper

Zum Abschluss – nur zur Sicherheit – behandelte sie die Stopper. Hierfür reichte:

● »Unterbewusstsein, behandle alle Stopper. Jetzt. Schlüsselwort.«

● »Unterbewusstsein, bitte behandle alle restlichen unbewussten und noch nicht behandelten Aspekte, die bei dem Thema eine Rolle spielen. Jetzt. Schlüsselwort.«

Provokativer Seelen-balsam

Sie haben bis hierhin unter anderem gelernt, dass es erforderlich ist, die Angst anzunehmen, um sich davon befreien zu können. Das ist anfangs nicht angenehm. Aber wenn Sie es ausprobiert haben, wissen Sie, dass es wirklich weiterhilft.

Heilsam lustiger Schock

Jetzt gehen wir einen großen Schritt weiter – in eine zugegebenermaßen etwas ungewöhnliche Richtung. Wir bringen Überraschung, Lachen und Übertreibung mit ins Spiel. Die folgende Vorgehensweise ist inspiriert von der sogenannten provokativen Therapie, Anfang der 1960er-Jahre entwickelt von Frank Farrelly. Er arbeitete mit humorvollen Provokationen, die den Widerspruchsgeist und die Selbstverantwortung des Patienten weckten und es diesem damit ermöglichten, über sein selbstschädigendes Verhalten zu lachen. Danach fiel es den Betroffenen leichter, es loszulassen und in einer förderlicheren Weise zu leben.

Überraschende Intervention

Diesen Mechanismus können wir uns auch im Umgang mit Ängsten zunutze machen. Denn Ängste beziehen einen großen Teil ihrer Macht aus unserem Kampf gegen sie. Deshalb drehen wir mit der folgenden Intervention den Spieß einfach um. Wir entscheiden uns ganz ausdrücklich dafür, Ängste zu haben und koppeln dies sogar noch

Wollen Sie einen Esel zum Verlassen seines Stalles veranlassen, hilft es oft, ihn mit Kraft hineinzudrängen.

Übung: Provokativ gegen die Angst

Nutzen Sie einmal folgende Sätze:

- »Ich entscheide, ganz entsetzliche Angst zu haben und zu genießen, wie gut ich das hinkriege. Jetzt. Schlüsselwort.«
- »Ich erlaube mir, jetzt ein riesiger Angsthase zu sein, und finde das völlig in Ordnung. Jetzt. Schlüsselwort.«
- »Ich entscheide, in dieser Situation geradezu professionell Angst zu haben und es so richtig und ausgiebig zu genießen. Jetzt. Schlüsselwort.«

mit positiven Gefühlen. Wenn Sie bei sich einen ungeheuren inneren Druck in Bezug auf eine Angst verspüren, dann können Sie es mit dieser amüsanten, aber zugleich sehr wirkungsvollen Variante des BSFF versuchen.

Befreites Aufatmen

Viele Menschen stellen fest, dass provokante Sätze sie nicht nur aufgrund ihrer scheinbaren Absurdität zum Schmunzeln bringen, sondern dass sie auch befreiend wirken. Der ungeheure Druck, der durch den Kampf gegen die Angst verursacht wird, verschwindet.

Außerdem beseitigt diese provokative Vorgehensweise einen weiteren Aspekt der Angst: die Ohnmacht. Wenn Sie den Eindruck haben, dass die Angst stärker ist als Sie, ändern Sie dies mit provokanten Entscheidungs- oder Erlaubnissätzen. Denn diese Formulierungen mit »Ich entscheide jetzt, dass …« oder »Ich erlaube mir jetzt, dass …« geben Ihrem Unterbewusstsein die Botschaft, dass Sie wieder das Ruder übernommen haben. Wer entscheidet, hat die Macht. So können Sie sich mit diesen einfachen Worten Ihre Handlungsfähigkeit zurückerobern.

Viele Gelegenheiten für eine Provokation

Diese höchst erstaunliche Form von BSFF-Sätzen können Sie immer anwenden, wenn Sie innerlich verkrampfen. Sie eignen sich auch sehr gut, wenn Sie suchtartige Verhaltensmuster ablegen wollen. Wenn Sie sich beispielsweise völlig fertigmachen, weil Sie Ihrer Meinung nach zu dick sind, aber trotzdem weiteressen, verwenden Sie zum Einstieg in den Veränderungsprozess Sätze wie:

- »Ich erlaube mir jetzt, fett, disziplinlos und verfressen zu sein und das großartig zu finden. Jetzt. Schlüsselwort.«

Sollten Sie mit Versagensängsten kämpfen oder sich vorwerfen, nicht so erfolgreich zu sein, wie Sie es doch eigentlich von sich erwarten, wirken Sätze wie dieser befreiend:

- »Ich erlaube mir, alles falsch zu machen, was ich nur falsch machen kann, und meinen Spaß daran zu haben. Jetzt. Schlüsselwort.«

Sie brauchen keine Sorge zu haben, mit derartigen Formulierungen Ihre Probleme zu verschlimmern. Es ist nicht so, dass Ihr Unterbewusstsein diese Aussagen wörtlich nimmt und Sie nun anfangen, völlig ungehemmt zu futtern oder eine Pleite nach der anderen hervorbringen. Im Gegenteil. Sie entspannen sich mit einer derartigen Intervention wieder ausreichend, um im nächsten Schritt mit den normalen BSFF-Verfahren die gewünschte angstbefreiende Wirkung zu erzielen.

Tipp: Lachen ist gesund

Lachen gilt nicht von ungefähr als eine der besten Strategien gegen Angst und Selbstverurteilung. Wenn Sie über sich und Ihre Schwierigkeiten herzhaft lachen können, ist das Problem auch schon halb gelöst.

Visualisierungen und BSFF

In professionellen BSFF-Sitzungen wirkt es ausgesprochen befreiend, mit den ganz persönlichen inneren Bildern, Symbolen oder Visualisierungen der Klienten zu arbeiten. Die Vorgehensweise ist ähnlich wie bei der klinischen Hypnose nach Milton Erickson. Er arbeitete ausschließlich mit bildhaften Darstellungen des Problems, die in Trance aus dem Unterbewusstsein der Klienten aufstiegen. Ganz behutsam leitete er beispielsweise dazu an, diese Bilder so zu modifizieren, dass langsam aus einem angstbesetzten Bild ein schönes, kraftvolles Szenario wurde.

Kombiniert mit BSFF

Dies lässt sich auch erzielen, wenn man das Unterbewusstsein anhält, das negative Szenario mit BSFF zu behandeln. Das Problem dabei ist allerdings, dass Sie als Anwender nicht gleichzeitig tief in Ihre inneren Bilder eintauchen und die entsprechenden Behandlungssätze formulieren können. Aber auch dafür gibt es eine einfache Lösung: Kreieren Sie innere Bilder, die Ihnen das Gefühl vermitteln, hundertprozentig geschützt zu sein. Mithilfe von BSFF können Sie sie immer dann innerlich abrufen, wenn Sie dieses gute Gefühl benötigen.

Die Käseglocke

Ein Beispiel: Eine Frau fürchtete sich vor den verbalen Attacken ihres alten und regelrecht bösartigen Vaters. Diese Angst wich sofort einem Gefühl von Sicherheit, wenn sie sich vorstellte, wie sie eine große Glasglocke, eine Art Käseglocke, über ihren Vater stülpte. Vor ihrem inneren Auge sah sie, wie er plötzlich schrumpfte und zeternd unter der Glocke herumhüpfte.
Diese Übung wurde ein kraftvolles Werkzeug für sie, nachdem sie ihr Unterbewusstsein angewiesen hatte, dieses Vorgehen immer parat

zu haben. Jedes Mal, bevor sie mit ihrem Vater Kontakt hatte, rief sie blitzschnell dieses innere Bild ab und gab an ihr Unbewusstes weiter, dass sie sich vollständig sicher und geschützt fühlen wolle.

Das gleiche Bild verwendete eine Praktikantin, um sich vor einer streitbaren Kollegin zu schützen. Zunächst behandelte sie mit BSFF einmalig die Wurzel des Problems – die Kollegin ging mit ihr ähnlich um wie die Mutter in ihrer Teenagerzeit. Danach reichte es, in Gedanken die Käseglocke über diese Frau zu stülpen, schon konnte die Praktikantin entspannt arbeiten.

Die Pyramide aus Glas

Es muss nicht zwingend eine Käseglocke sein, und natürlich kann das schützende Objekt auch Sie selbst umhüllen, wenn Ihnen das ein besseres Gefühl vermittelt. Für einen extrastarken Schutz hat eine Frau beispielsweise eine Pyramide aus Panzerglas erdacht, mit der sie sich in bedrohlich wirkenden Momenten umgab. Wieder andere stellen sich vor, von strahlend weißem oder goldenem Licht umgeben zu sein, das für negative Einflüsse vollständig undurchdringlich ist. Mit welcher Form auch immer: Schützen Sie sich.

Übung: Ein individueller Schutz

- Gehen Sie Ihre Liste mit den verbleibenden Ängsten durch und lassen Sie für bedrohlich erscheinende Situationen Ihre ganz persönliche Visualisierung eines Schutzschildes vor Ihrem inneren Auge auftauchen.

- Geben Sie die Anweisung: »Unterbewusstsein, wann immer ich dich dazu auffordere, aktivierst du sofort dieses innere Bild und das damit verbundene Gefühl von absoluter Unverletzlichkeit. Jetzt. Schlüsselwort.«

Dialog mit der Angst

Womit wir uns nun beschäftigen werden, ist schon fast auf dem Niveau von professioneller BSFF-Arbeit. Wenn Sie ausreichend Erfahrung mit den anderen Vorgehensweisen der Methode gesammelt haben, möchten Sie vielleicht eine weitere spannende Interventionsmöglichkeit ausprobieren.

Die Arbeit mit Persönlichkeitsanteilen

Wir haben schon festgestellt, wie wichtig es ist, der Botschaft der Angst Beachtung zu schenken. Die Angst ist Ihre Freundin – erinnern Sie sich? Sie hat eine Menge wertvolle Botschaften, und deshalb wollen wir ihr jetzt Gelegenheit geben, sich selbst zu äußern. Dafür hilft uns das Konzept der Teilearbeit: Hierbei geht man davon aus, dass sich die menschliche Persönlichkeit aus einer Vielzahl von Teilen zusammensetzt. Diese kooperieren oder bremsen einander. Wenn Sie sich beispielsweise um einen neuen Job bewerben wollen, dann aber doch nicht aktiv werden, schießt in Ihnen etwas quer: ein Konflikt zwischen einem mutigen und einem hemmenden Teil. Dieser kann ängstlich sein, zweifelnd, kritisch oder einfach nur faul – der innere Schweinehund?

Den ängstlichen Teil anhören

Unser Fokus liegt auf dem ängstlichen Anteil: Er kommt nun selbst zu Wort. Wenn Sie mit ihm bezüglich einer Ihrer lästigen Ängste ein Gespräch beginnen, vertieft sich Ihr Verständnis für diesen Anteil. Und Sie können mit ihm im Team Lösungen entwickeln, mit denen auch er einverstanden ist.

Diese innere Arbeit kombinieren wir zudem mit BSFF. Sie werden dabei zum Therapeuten Ihres Angstteils und lassen ihm eine wohltuende Behandlung angedeihen: in mehreren Schritten, die Sie gleich kennenlernen werden.

Den Angstteil sichtbar machen

Zunächst sollten Sie Ihren ängstlichen Anteil personifizieren. Wenn Ihnen Visualisierungen leichtfallen, können Sie sich die Angst als eine Wesenheit vorstellen. Ob Mensch oder Fantasiewesen ist ganz Ihnen überlassen. Vielleicht sehen Sie Ihre Angst auch als eine Miniausgabe von Ihnen selbst, die Ihnen jetzt gegenübersitzt.

Wenn Sie es realistischer möchten, können Sie die Rolle des Persönlichkeitsanteils von einem Kissen verkörpern lassen, das Sie auf einen Stuhl legen. Genauso gut geeignet wäre ein Stofftier oder eine Puppe. Wichtig ist, dass es Ihnen gelingt, ein Szenario zu kreieren, in dem Sie sich selbst und die Angst als voneinander getrennt erleben. Haben Sie sich den Angstanteil sichtbar gemacht, beginnen Sie den Dialog mit ihm (siehe Kasten).

Zum Coach der Angst werden

Sie schlüpfen in die Rolle des liebevollen Coaches für Ihren inneren Anteil: Behandeln Sie mögliche negative Gefühle und Gedanken

Übung: Wie geht es dir, Angst?

- Beginnen Sie Ihren Dialog mit der Angst damit, dass Sie sie fragen, ob sie bereit ist, mit Ihnen zu sprechen. Wenn sie einwilligt, fragen Sie, wie es ihr geht. Fühlt sie sich traurig, ungeliebt oder abgelehnt? Ist sie dankbar, dass Sie ihr jetzt Aufmerksamkeit schenken? Oder ist sie wütend, weil Sie ihre Existenz so lange verdrängt und geleugnet haben?

- Spüren Sie in den Anteil hinein und lassen Sie zu, was sich Ihnen offenbart. Das mag eine Weile dauern und auch nicht auf Anhieb klappen, aber das ist normal. Nehmen Sie sich für diesen Austausch viel Zeit.

Übung: BSFF für die Angst in Ihnen

Im Fall von Traurigkeit behandeln Sie als Coach Ihre Angst mittels dieser Sätze:

- »Unterbewusstsein, behandle die Traurigkeit dieses Angstteils mit BSFF. Jetzt. Schlüsselwort.«
- »Unterbewusstsein, behandle jeden Zweifel und Widerstand gegen den Satz: ›Der ängstliche Anteil ist jetzt bereit, diese Traurigkeit loszulassen und frei davon zu sein.‹ Jetzt. Schlüsselwort.«
- »Unterbewusstsein, ersetze mit BSFF das Gefühl der Traurigkeit bei diesem Anteil durch … (was immer Ihrem Anteil guttäte). Jetzt. Schlüsselwort.« Lassen Sie sich bei der Wahl der Sätze ganz von der Befindlichkeit Ihres »Coachees« leiten. Was braucht dieser Anteil Ihrer Selbst gerade? Wie groß oder klein dürfen die Veränderungsschritte sein, die Sie mit ihm gehen?

Ihres ängstlichen Anteils mit BSFF, bis er sich sicher, stark und geliebt fühlt. Vielleicht kommen dabei weitere Gefühle oder auch Glaubenssätze an die Oberfläche, die losgelassen werden wollen. Widmen Sie sich ihnen, bis es dem ängstlichen Anteil rundum gut geht. Ziel der Übung ist es ja, den zuvor widerstrebenden inneren Anteil positiv zu verändern, sodass er Ihre Entscheidung, sich in der bislang angstbehafteten Situation gelassener und sinnvoller zu verhalten, voll und ganz mitträgt. Ist das erreicht, geht es weiter.

Angst, was tust du für mich?

Sie tragen niemals Anteile in sich, die etwas Böses wollen, sondern immer nur solche mit guten Absichten. Aber sie greifen manchmal zu den falschen Mitteln, um die letztlich guten Ziele zu erreichen.

Wenn Sie Ihren Angstteil fragen, warum er in Ihnen wirkt, werden Sie höchstwahrscheinlich die Antwort erhalten, dass er bemüht ist, Sie vor Enttäuschungen, negativen Erfahrungen oder emotionalen Verletzungen zu schützen. Seine Ansichten allerdings hemmen Sie sehr häufig. Wenn es um Ängste in Bezug auf Ihren Selbstwert geht, denkt der befragte Anteil vielleicht, Sie seien gar nicht so toll und liebenswert, wie Sie sein müssten. Daher sabotiert er alle Situationen, in denen dies offensichtlich werden könnte. Natürlich wieder nur mit dem Ziel, Sie vor Verletzung, Enttarnung oder Enttäuschung zu schützen.

Wenn Sie hier tiefer gehen, werden Sie wahrscheinlich exakt die bereits aufgedeckten Glaubenssätze Ihres Umfeldes wiederfinden, die Sie schon im zweiten Kapitel (ab Seite 34) als Problemursachen entlarvt haben. Teilearbeit ist eine der Möglichkeiten, sich davon zu befreien.

Weitere Anteile ins Boot holen

Sie bestehen natürlich nicht nur aus Ihrem bewussten Ich und dem Anteil der Angst, den Sie hier genauer kennenlernen. In Ihnen gibt es viele weitere Anteile, förderliche und hinderliche. Alle haben ihre Funktion und sind letztlich für Sie

Übung: Die Angst befragen

Fragen Sie Ihren ängstlichen Anteil, worin genau er seine Aufgabe in Ihrem Leben sieht. Kommen Sie mit ihm ins Gespräch, lernen Sie ihn und seine Beweggründe kennen. Danken Sie diesem Anteil für seine Bereitschaft, mit Ihnen zu kommunizieren und sich mit Ihnen um die Befreiung von unsinnigen Ängsten zu bemühen.

da. Gerade die offensichtlich hilfreichen Anteile Ihrer Persönlichkeit können Sie im Weiteren aktiv mit einbeziehen.

Entspannung für die Angst

Einen Menschen zu beschützen ist anstrengend. Aber nun darf Ihr Angstteil entspannen, weil Sie mit ihm Alternativen entwickeln, die Sie nicht in Ihren Möglichkeiten einschränken. Wenn Ihnen dies schwerfällt, können Sie auch einfach Ihrem Unterbewusstsein den Auftrag geben, Lösungen zu finden.

 »Unterbewusstsein, bitte entwickle jetzt Lösungen für das Problem und mach sie mir bewusst. Jetzt. Schlüsselwort.«

Bei manchen Menschen klappt das verblüffend gut, bei anderen gar nicht. Sollten Sie zu letzterer Gruppe gehören, können Sie auch eine gute Freundin, der Sie vertrauen und die das erforderliche Einfühlungsvermögen mitbringt, zurate ziehen. Gemeinsam ist es oftmals leichter, Ideen zu entwickeln.

Ist die Angst einverstanden?

Fragen Sie am Ende Ihren Angstanteil, ob er mit der Lösung für die zuvor angstbehaftete Situation zufrieden und einverstanden ist. Wenn er sein Okay gibt, sind Sie fertig. Andernfalls ist es wichtig, seine Einwände ernst zu nehmen und entsprechend aufzulösen.

✳ Übung: Innere Verhandlungen

Jetzt ist die Kreativität Ihres inneren Problemlösungsanteils gefragt. Sprechen Sie diesen Teil in Ihnen an, begrüßen Sie ihn und bitten Sie ihn um Unterstützung: Wie können Sie in der fraglichen Situation besser und ohne unnötige Angst agieren? Fahnden Sie gemeinsam mit diesem Kreativteil und dem ängstlichen Anteil nach einer Lösung.

Basis – Grundform der Methode:

1 Inneren Fokus auf Angst oder Problem richten.

2 Dem Unterbewusstsein den Auftrag zur Bearbeitung des Problems geben und das Schlüsselwort denken.

3 Den Ablauf wiederholen, bis das Problem verschwunden ist.

4 Bei Zweifeln an der Wirksamkeit der Methode die Stopper behandeln (Seite 55).

5 Bei Groll, Wut oder Schuldgefühlen Dritten oder sich selbst gegenüber: Vergebungsarbeit (Seite 63 und 73).

6 Letzte unbearbeitete Reste pauschal mit BSFF auflösen.

Spielarten der Methode – für eine noch individuellere Anpassung an Ihre ganz persönliche emotionale Situation. Sie brauchen diese Vorgehensweisen nicht alle zu beherrschen, um gute Erfolge zu erzielen. Die Auflistung dient mehr der Inspiration.

● Varianten der Auftragsformulierung: Affirmation (Seite 68), Entscheidung (Seite 69), Ersatz für das Alte (Seite 69).

● Die Abkürzung bei klar umrissenen Situationen als Wurzel des Problems: Pauschalbehandlung des Erlebten und seiner Auswirkungen (Seite 85).

● Tricks zum Auflösen von Widerständen: Baukastensystem für positive Gefühle (Seite 89), Prozentstrategie und Reglerknopf (ab Seite 90), Teilearbeit, Dialog mit der Angst (Seite 102).

● Die Rettung, wenn Sie emotional feststecken: humorvolle Provokation (Seite 97).

● Zur Verstärkung der Wirk-Power: Visualisierungen (Seite 100).

LÖSUNGEN

Mehr Gelassen-
heit leben

*Um Ängste loszulassen, hilft Ihnen **das Bewusstsein für die kleinen Schritte** in Richtung Gelassenheit.*

WER MIT BSFF ÄNGSTE BEARBEITET, erlebt oft verblüffende positive Veränderungen in Minutenschnelle. **Der Vorher-Nachher-Effekt ist eindeutig und unübersehbar.** Von »Oh, mein Gott, es ist entsetzlich, mich daran zu erinnern« wechselt man zu »Ich denke daran, und es ist mir egal.« Ähnlich eindeutig kann die Wirkung ausfallen, wenn Sie die Methode beispielsweise nutzen, um sich auf ein unerfreuliches Gespräch oder eine belastende Begegnung vorzubereiten. Nur ist der Effekt nicht bei allen Anwendungen so spektakulär. Gerade chronische Ängste, solche mit vielen unterschiedlichen Aspekten und Unsicherheiten aufgrund eines niedrigen Selbstwertgefühls erfordern oft etwas mehr Geduld. Gelegentlich wird es Ihnen fast so vorkommen, als blieben Ihre Bemühungen ergebnislos. Deshalb erfahren Sie in diesem Kapitel, **wie es Ihnen gelingt, auch kleine, subtile Verbesserungen deutlicher wahrzunehmen.** Das motiviert weiterzumachen, bis Sie das gewünschte Ziel erreicht haben. Denken Sie an die begeisterten Visionen, die Sie in Ihrem Notizbuch festgehalten haben – die Mühe lohnt.

Körper und Psyche zeigen, ob es wirkt

Sie arbeiten an sich, behandeln, machen, tun – aber verändert sich etwas? Manchmal wünschen wir uns, dass uns Fanfarenstöße aus dem Off unmissverständlich signalisieren, dass sich in uns etwas durch BSFF zu verändern beginnt. Leider passiert das aber nicht, weshalb wir gezwungen sind, unsere Ohren zu spitzen, aufmerksam nach innen zu lauschen und achtsam zu werden für die subtile Sprache unseres Körpers.

Jeder Körper, jeder Mensch reagiert auf ganz individuelle Art und Weise, wenn eine Intervention erfolgreich war. Lassen Sie uns daher nun gemeinsam anschauen, wie sich die Wirkung einer erfolgreichen BSFF-Behandlung in Ihnen zeigen könnte, noch bevor Sie im Alltag merken, dass die Angst weg ist – das natürlich ist der klarste Indikator dafür, dass es wirkt.

Alte emotionale Verletzungen aus der Kindheit loszulassen, kann eine so intensive Erfahrung sein, dass Sie sich nach einer BSFF-Sitzung vielleicht erst einmal eine Stunde

ᘓ Typische körperliche Reaktionen

Was in Ihnen passieren kann, ist vielfältig, widersprüchlich und hängt auch von der Art des Problems und der Intensität Ihrer BSFF-Arbeit ab. Die häufigsten unmittelbaren Reaktionen sind:

- Wärme, Kribbeln im Körper
- Seufzen, Gähnen
- das befreiende Gefühl, als würde eine Last von den Schultern genommen
- Kloß im Bauch verschwindet
- zugeschnürte Kehle wird frei
- Spannungen lösen sich
- extreme Müdigkeit oder
- Frische und Dynamik

hinlegen möchten. Genauso gut kann es aber sein, dass gebundene Energien freigesetzt werden und Sie sich plötzlich ungeheuer frisch und dynamisch fühlen. Oder es passiert gar nichts Spürbares oder gar Dramatisches. Aber auch ein leises Kribbeln oder ein unwillkürliches tiefes Durchatmen zeigen an, dass sich in Ihnen etwas verändert und entspannt hat. Je mehr Sie sich dieser Feinheiten bewusst sind, desto ausgeprägter wird Ihre Körperwahrnehmung und damit auch Ihre Fähigkeit zu erkennen, ob Sie mit Ihren BSFF-Sätzen den richtigen Punkt erwischt haben.

Die Zehnerskala

Fällt es Ihnen schwer einzuschätzen, in welchem Maße Sie bereits gelassener geworden sind, hilft die Zehnerskala. Sie kennen sie schon aus dem ersten Kapitel, und wahrscheinlich stehen auch in Ihrem Notizbuch bereits Skalenwerte für die einzelnen Ängste. Nichts ist leichter, als anhand dieser Skala zu überprüfen, wo Sie aktuell in Bezug auf Ihre wichtigsten Ängste stehen.

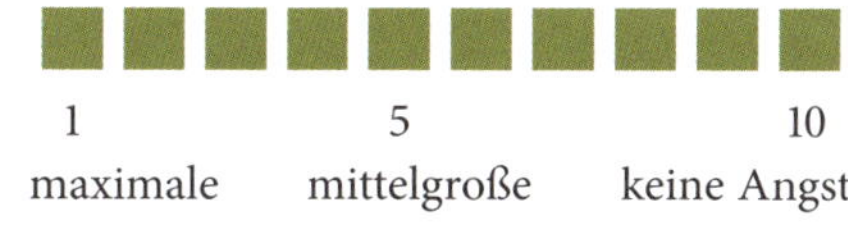

| 1 | 5 | 10 |
| maximale | mittelgroße | keine Angst |

Übung: Die Zehnerskala beim Behandeln

- Wenn Sie ein Problem angehen, legen Sie zuallererst den aktuellen Skalenwert fest: Als wie groß empfinden Sie Ihre Angst?
- Machen Sie einige BSFF-Durchgänge und schauen Sie wieder auf die Skala. Der gefühlte Wert sollte sich bereits positiv verändert haben. Nun wissen Sie, dass Sie alles richtig machen, und können fortfahren. Beenden Sie Ihre Sitzung erst dann, wenn Sie eine 0 oder maximal eine 2 erreicht haben.

Wenn sich nichts bewegt

Manchmal kann es passieren, dass es plötzlich stockt. Der Skalenwert will einfach nicht weiter sinken. Genau hierdurch zeigen sich innere Widerstände an. Oder es gibt noch ein Problem, das mit Ihrem Ursprungsthema verquickt ist und gelöst werden muss, bevor Sie das ursprüngliche Problem komplett loslassen können. Unser Innenleben ist komplex und die Gefühle sind auf verblüffende Weise miteinander vernetzt.

In so einem Fall beackern Sie nun die Widerstände oder das neue Problem, bis sie verschwunden sind. Dann nehmen Sie – ohne weiteren BSFF-Durchgang – eine erneute Bewertung des Ursprungsproblems auf Ihrer Skala vor. Die Chancen stehen gut, dass der Wert jetzt bereits deutlich gesunken oder bei 0 angekommen ist. Wenn nicht, putzen Sie die letzten Reste weg:

»Unterbewusstsein, beseitige nun auch den letzten Rest von Angst. Jetzt. Schlüsselwort.«

Die Skala für Affirmationen

In leicht modifizierter Form können Sie die Zehnerskala auch bei der Arbeit mit Glaubenssätzen nutzen. Bei hemmenden Überzeugungen wollen Sie dann erreichen, dass Sie die Aussagen am Ende als völlig unzutreffend empfinden und gar nicht mehr daran glauben. Entsprechend könnte Ihre Skalenbeschriftung so aussehen:

Angenommen, Sie haben den Satz »Frauen wie wir schaffen es im Beruf nicht bis nach ganz oben« von Ihrer Mutter übernommen. Auch wenn Ihre Ratio weiß, dass er Unsinn ist, fühlt er sich im Bauch doch zutreffend an. Dann werden Sie ihn auf der Skala bei einer 8 bis 10 einordnen. Nun arbeiten Sie mit BSFF. Vielleicht so:

»Unterbewusstsein, behandle den Satz ›Frauen wie wir schaffen

es im Beruf nicht bis nach oben‹
mit BSFF. Jetzt. Schlüsselwort.«

- »Ich bin jetzt bereit, den Satz ›Frauen wie wir schaffen es im Beruf nicht bis nach oben‹ loszulassen und frei davon zu sein. Jetzt. Schlüsselwort.«

Dann könnten Sie fortfahren:

- »Unterbewusstsein, ersetze den Satz ›Frauen wie wir schaffen es im Beruf nicht bis nach oben‹ durch die Überzeugung ›Mir stehen alle Türen offen, ich schaffe es nach oben.‹ Jetzt. Schlüsselwort.«
- »Ich entscheide, es für möglich zu halten, dass ich es im Beruf nach oben schaffe. Jetzt. Schlüsselwort.«
- »Ich genieße es, zu erleben, dass ich es im Beruf bis nach oben schaffe. Jetzt. Schlüsselwort.«

Wenn Sie jetzt noch einmal in sich hineinhören, wie wahr Sie den Satz »Frauen wie wir schaffen es im Beruf nicht nach oben« empfinden, liegen Sie wahrscheinlich bei 2 bis 0. Stattdessen sind Sie erfüllt von Zuversicht, Ihre Karriere nach Ihren Wünschen und Vorstel-
lungen gestalten zu können. Und wann immer Sie wieder zu zweifeln beginnen, versetzen Sie sich mit dem letzten Satz erneut in einen positiven, kraftvollen Zustand.

Kinesiologische Muskeltests

Eine klassische Vorgehensweise, um den Erfolg von Interventionen zu überprüfen, sind kinesiologische Muskeltests. Normalerweise führt sie ein Therapeut mit seinen Klienten aus. Sie können sie aber auch mit einer Freundin oder einem Freund durchführen, um zu sehen, ob Ihre BSFF-Sätze gewirkt haben. Wenn keine zweite Person verfügbar ist, lernen Sie einen Eigentest kennen, den Fingerringtest. Er erfordert etwas mehr Training, aber die Mühe lohnt sich.

Was ist Kinesiologie?

Zunächst zur Erklärung des Hintergrundes: Die Kinesiologie (kínesis = Bewegung; lógos = Lehre) wurde in den 1960er-Jahren von dem amerikanischen Chiropraktiker George Goodheart entwickelt und kam Anfang der 80er-Jahre nach Deutschland. Ihre Anhänger betrachten die Muskulatur als einen möglichen Indikator für psychische und physische Vorgänge im Menschen. Wenn es Störungen in Psyche oder Physis gibt, manifestieren sie sich dementsprechend als Schwäche bestimmter Muskelgruppen. Das lässt sich durch einfache Körpertests sichtbar machen – man kommuniziert dabei direkt mit dem Körper und befragt ihn, was dem Menschen guttut, was ihm schadet und wo Probleme oder Blockaden sitzen.

Feedback vom Körper

Sie können die Kinesiologie somit als Feedbackverfahren nutzen, um über den Muskeltest zu spüren, was mental oder emotional in Ihnen passiert. Es ist kein hundertprozentig zuverlässiges Verfahren, und es gibt zahlreiche potenzielle Fehlerquellen, dennoch ist diese Form der Innenschau für unsere Zwecke hilfreich und praktisch. Noch etwas Erfolgsentscheidendes: Trinken Sie vorab grundsätzlich Wasser. Ein bis zwei Gläser sollten es sein, denn bei einem dehydrierten Körper kann es zu einer Verfälschung der Ergebnisse kommen.

Der Armtest

Der bekannteste kinesiologische Test ist der Deltamuskeltest. Den Deltamuskel setzen Sie ein, um den Oberarm zu heben. Er liegt wie ein Paket auf Ihrem Schultergelenk. Mit großer Sicherheit wird Ihr Muskel bei Teil 1 der Übung (siehe Kasten) stark bleiben, der Arm lässt sich nicht herunterdrücken. Probieren Sie dann Teil 2 – der Arm wird schwach. Es ist in der Tat so, dass sich Ihre Fußstellung auf Ihr Energiesystem und damit Ihre Muskeln auswirkt. Zehen nach innen: Muskel stark. Zehen nach außen: Muskel schwach. Wenn Sie in Zukunft Muskeltests durchführen, achten Sie deshalb unbedingt darauf, Ihre Füße parallel zu stellen. Dies ist die neutrale Position. Um testen zu können, ob Ihre BSFF-Arbeit Wirkung gezeigt hat, muss die Kommunikation mit Ihrem Deltamuskel noch weitergehen. Sie wollen später beispielsweise in der Lage sein, herauszufinden, ob Ihr Körper einem positiven Glaubenssatz nach einigen BSFF-Durchgängen zustimmt oder immer noch mit der negativen Über-

Übung: Der Deltamuskeltest

Teil 1

- Stellen Sie sich gerade und aufrecht hin, die Zehenspitzen sind nach innen gerichtet.

- Nun strecken Sie einen Arm waagerecht zur Seite. Ihr Helfer tritt hinter Sie und legt zwei Finger auf Ihr Handgelenk. Er sagt »Jetzt« und drückt Ihren Arm langsam, sanft, aber dennoch bestimmt für ein bis zwei Sekunden nach unten.

- Ihre Aufgabe ist es, dagegenzuhalten. Die helfende Person darf keinesfalls unangekündigt oder ruckartig Ihren Arm herunterdrücken, denn dann würden Sie reflexartig gegenhalten, was das Ergebnis verfälscht.

Teil 2

- Bei der zweiten Übung ist alles genauso wie bei der ersten, allerdings zeigen nun Ihre Fußspitzen nach außen.

- Wieder sagt die helfende Person »Jetzt«, drückt sanft und entschieden, und Sie halten genauso stark gegen wie bei der ersten Übung (nicht stärker). Trotzdem gibt Ihr Arm jetzt nach und geht nach unten. So fühlt es sich an, wenn Ihr Deltamuskel eine energetische Schwächung anzeigt.

zeugung konform geht. Ihr Körper muss also lernen, Ihnen mit einem klaren Ja oder Nein zu antworten. Sie sollten sich für den folgenden Code entscheiden: Ein starker Muskel meint Ja, ein schwacher Muskel signalisiert Nein.

Der Test während BSFF
Nutzen wir wieder ein Beispiel: Eine junge Frau möchte ihre Unsicherheit in Vorstellungsgesprächen ablegen, weil sie sie davon abhält, sich wirklich gut und sympathisch zu präsentieren. Ihre Innenschau hat sie erkennen lassen, dass die Ursache in negativen Erfahrungen mit einem früheren Chef liegt. Vor Beginn der BSFF-Anwendung testet sie die Sätze:

● »Im Vorstellungsgespräch fühle ich mich sicher.« Antwort des Deltamuskels: Nein – der Arm testet also schwach.

Übung: Testparameter verankern

Die getroffene Festlegung verankern Sie mit BSFF, in dem Sie die Aufträge erteilen:

● »Unterbewusstsein, verankere dieses Signal: Wenn mein getesteter Muskel Ja meint, bleibt er stark. Jetzt. Schlüsselwort.«

● »Unterbewusstsein, verankere das folgende Signal: Wenn mein getesteter Muskel Nein meint, gibt er nach und reagiert geschwächt. Jetzt. Schlüsselwort.«

Am besten führen Sie nun einige Probetests durch. Hierfür eignen sich einfache Sätze, bei denen wahre und unwahre Antworten eindeutig sind. Testen Sie also beispielsweise:

● »Ich heiße (korrekter Name).«

● »Ich heiße (falscher Name).«

● »Gestern war der (korrektes Datum).«

● »Gestern war der (falsches Datum).«

● »Ich habe Angst, wieder so eine schlimme Erfahrung zu machen wie mit meinem Ex-Chef.« Antwort des Deltamuskels: Ja, der Arm testet schwach.

Zur Überprüfung der Ergebnisse stellt sie sich die belastende Erfahrung mit ihrem früheren Arbeitgeber bildhaft vor und testet, wie ihr Körper auf diese Visualisierung reagiert: mit einer Schwäche, der Arm sinkt matt herab.

Nun widmet sie sich der angsteinflößenden Erfahrung mit BSFF. Sie nutzt dafür den Ablauf, mit dem man sich aus den Klauen der Vergangenheit befreit (Seite 85). Und sie löst sich mit der Vergebungsarbeit (ab Seite 73) vom Groll auf den früheren Chef.

Danach stellt sie sich wieder die negative Erfahrung vor, testet – und der Muskel bleibt stark. Als Nächstes testet sie erneut den Satz »Ich habe Angst, wieder so eine schlimme Erfahrung zu machen wie mit meinem Ex-Chef.« Der Muskel antwortet mit einem klaren Nein.

Also probiert sie es jetzt mit dem Ursprungssatz »Im Vorstellungsgespräch fühle ich mich sicher.« Überraschenderweise zeigt der Muskel ein deutliches Nein. Damit ist klar, dass es weitere Gründe für ihre Unsicherheit gibt, derer sie sich noch gar nicht bewusst war.

Nächster Schritt

Eine gute Vorgehensweise in solch einer Situation ist es, alle möglichen Problemursachen zu notieren und nacheinander zu testen. In unserem Beispiel könnte das heißen:

● »Ich habe sehr große Angst vor Ablehnung.«

● »Ich zweifle stark an meiner Kompetenz.«

● »Ich fürchte, zu hohe Gehaltsvorstellungen zu haben.«

● »Ich fühle mich diesem Job nicht gewachsen.«

Was immer der kinesiologische Test dann als weiteren Grund für die Angst anzeigt, wird mit BSFF aufgelöst. Unsere Beispielklientin wird also all die Sätze testen, die als relevant entschlüsselten Sätze behandeln – und irgendwann feststellen können, dass der Satz: »Im Vorstellungsgespräch fühle ich mich sicher« plötzlich positiv testet. Wenn sie sich dann in die Gesprächssituation hineinfühlt, wird sie keine Angst mehr wahrnehmen können – die beste Voraussetzung, sich erfolgreich zu präsentieren.

Der Fingerringtest

Wie Ihnen vermutlich schon aufgefallen ist, hat der Deltamuskeltest zwei entscheidende Nachteile:
1. Sie brauchen dafür immer eine zweite Person, die zudem das Testen beherrscht.
2. Der Muskel ermüdet rasch, was die Ergebnisse verfälscht.
Glücklicherweise gibt es eine Reihe von kinesiologischen Testverfahren, die man allein durchführen kann. Eines davon lernen Sie jetzt kennen: den Fingerringtest. Bei diesem Test legt man Daumen und Zeigefinger zu einem Ring zusammen und drückt mit dem Daumen der anderen Hand von innen dagegen. Öffnet sich der Ring, ist dies ein Zeichen für eine energetische Schwächung. Bleibt er geschlossen, testen die Fingermuskeln stark. Natürlich muss der Druck gegen den Ring bei allen Befragungen immer gleich stark sein. Und es funktioniert nicht, wenn man Daumen und Zeigefinger krampfhaft aufeinanderpresst.

Etwas Geduld und Übung
Wahrscheinlich werden Sie eine Weile brauchen, bis Sie den Test beherrschen – das geht jedem so, der dieses Verfahren erlernt. Entweder krampft man die Finger so fest zusammen, dass der Daumen gar keine Chance hat, den Ring zu sprengen. Oder die Fingerspitzen liegen so leicht aufeinander, dass der Daumen immer hindurchflutscht, egal wie die Füße stehen. Es erfordert etwas Training, bis man ein gutes Gefühl dafür entwickelt hat, wie stark der Kraftaufwand sein muss

und wann ein Testergebnis echt ist. Dann aber verfügen Sie über ein hervorragendes Testinstrument, mit dem Sie Ihre Körperintelligenz jederzeit zu allen möglichen Belangen befragen können.

Am besten treffen Sie auch hier wieder die Vereinbarung mit Ihrem Körper, was Ja und was Nein bedeutet, und machen einige Probedurchgänge mit den Fragen, die Sie zuvor schon für das Training mit dem Deltamuskel eingesetzt haben.

Die innere Einstellung

Bevor Sie nun anfangen, den Fingerringtest in Ihre BSFF-Arbeit zu integrieren, sollten wir uns noch mit einem wichtigen Einflussfaktor auf Ihre Testergebnisse beschäftigen: Ihrer Einstellung. Insbesondere bei emotionalen Themen, die uns wichtig sind, haben wir alle unsere »Wunschergebnisse« und vorgefasste Meinungen. Die aber können die Reaktion Ihrer Muskeln unbewusst manipulieren. Was tun?

Übung: Der Fingerringtest

- Stellen Sie sich aufrecht hin, die Zehenspitzen nach innen.
- Winkeln Sie den rechten Arm (bei Rechtshändern) ab, sodass die Handfläche geöffnet nach oben zeigt. Mit Daumen und Zeigefinger bilden Sie einen Ring, als wollten Sie ein Rosenblatt halten – sanft, um es nicht zu zerquetschen, aber fest genug, um es nicht entgleiten zu lassen.

- In diesen Ring stecken Sie den ausgestreckten Daumen der linken Hand und üben behutsam Druck auf die Stelle aus, an der die Fingerspitzen der rechten Hand sich berühren. Der Ring müsste jetzt geschlossen bleiben.
- Gegenprobe: Weisen Ihre Fußspitzen nach außen, sollten sich die Fingerspitzen öffnen, wenn der Daumen drückt.

Es empfiehlt sich, dass Sie sich vor wichtigen Tests erst einmal mittels BSFF emotional und mental neutralisieren. In den entsprechenden Sätzen (siehe Kasten) geht es um Ängste, Zweifel und Hoffnungen, die sich natürlich nur auf das Testergebnis beziehen. Wenn Sie sagen »Ich bin frei von Ängsten«

ist das sozusagen die Kurzform von »Ich bin frei von Ängsten bezüglich meiner Testergebnisse.« Nach dieser Übung dürften Ihre Selbsttests korrekte Ergebnisse liefern und Ihnen helfen, die Fortschritte auf Ihrem Weg zu immer mehr Gelassenheit und Angstfreiheit noch besser beurteilen zu können.

Übung: Neutrale Einstellung

Sagen oder denken Sie diese Sätze, bevor Sie ein wichtiges Thema testen. Sie gelten bezüglich der Testergebnisse:

- »Ich bin offen für jedes Ergebnis. Jetzt. Schlüsselwort.«
- »Ich bin frei von vorgefassten Meinungen. Jetzt. Schlüsselwort.«
- »Ich bin frei von Erwartungen. Jetzt. Schlüsselwort.«
- »Ich bin frei von Widerständen gegen mögliche Ergebnisse. Jetzt. Schlüsselwort.«
- »Ich bin frei von Wünschen. Jetzt. Schlüsselwort.«
- »Ich bin frei von Angst und Hoffnung. Jetzt. Schlüsselwort.«
- »Ich bin frei von Einflüssen durch die Aussagen Dritter. Jetzt. Schlüsselwort.«
- »Ich bin frei von Zweifeln. Jetzt. Schlüsselwort.«
- »Ich bin frei von anderen ungenannten mentalen Faktoren. Jetzt. Schlüsselwort.«
- »Ich bin frei von anderen ungenannten emotionalen Faktoren. Jetzt. Schlüsselwort.«
- »Ich bin jetzt vollkommen neutral. Jetzt. Schlüsselwort.«

Gelassenheit durch Psychohygiene

Eines sollte in einem solchen Buch nicht unbeachtet bleiben: Manche unserer Ängste sind das Resultat von medialer Panikmache. Vielleicht erinnern Sie sich noch an die Berichterstattung über BSE, die Vogelgrippe oder die Schweinepest, von denen es hieß, sie würden Zigtausende dahinraffen. Nichts Derartiges geschah – von vereinzelten Opfern abgesehen. Das hält die Medien aber nicht davon ab, auch weiterhin Mücken zu Elefanten aufzublasen und uns das Gefühl zu vermitteln, unser Leben sei ständig in Gefahr. Und wenn es nicht gerade unser Leben oder das unserer Kinder ist, dann ist es unsere finanzielle Sicherheit, die Zukunft per se oder die Existenz des Menschen auf diesem Planeten. Gefahr, Gefahr, Gefahr. Permanent wird unser Emotionszentrum extrem getriggert. Natürlich haben all diese Gefahren eine reale Basis. Aber: Sie sind nur ein geringer Ausschnitt der Lebenswirklichkeit.

Tipp: Mediale Psychohygiene

Dosieren Sie Ihren Medienkonsum bewusst. Das bedeutet nicht, in seliger Unkenntnis dessen zu versinken, was um Sie herum passiert. Aber wenn Sie bewusster die Nachrichten filtern, die Sie in Ihren Kopf lassen, und Ihr Bild von der Welt nicht mehr von medialen Verzerrungen und Übertreibungen bestimmen lassen, leben Sie gelassener. Es ist Ihre Entscheidung, auf welche Ereignisse Sie Ihren Fokus richten. Dieser Fokus ist dafür verantwortlich, mit welchem Grundgefühl Sie durch den Tag gehen. Schenken Sie den vielen positiven Dingen in Ihrem Leben mehr Beachtung, dann begleitet Sie Dankbarkeit.

Vier Schritte zu mehr Gelassenheit

In den Praxiskapiteln dieses Buches stand die Mentaltechnik BSFF im Vordergrund. Und sicher haben Sie mit ihrer Hilfe bereits die eine oder andere Angst lösen können und sich in Richtung Gelassenheit bewegt. An dieser Stelle wollen wir rekapitulieren, was Sie insgesamt – auch außerhalb des reinen BSFF – erreicht haben, wenn Sie sich auf die hier vorgestellten Anwendungen eingelassen haben.

Schritt 1: Wo stehe ich?

Sicherlich haben Sie einige Ihnen bewusste Ängste zu diesem Buch greifen lassen – und Sie haben sie zu Beginn aufgelistet und in ihrer Intensität auf einer Skala eingeschätzt. Sie sind sich im ersten Kapitel darüber hinaus selbst auf die Schliche gekommen und haben sich einige Ängste eingestanden, die Sie verdrängt hatten. Das ist außerordentlich couragiert, denn mit

sich selbst derart ehrlich zu sein, ist nicht leicht und sogar schmerzhaft. Selbst wenn dies die einzige Übung ist, die Sie gemacht haben, hat es für eine neue Bewusstheit gesorgt, die bereits leise Veränderungen im Leben anstoßen kann.

Schritt 2: Ihre Vision

Sind Sie weitergegangen und haben Visionen für Ihre angstfreie Zukunft aufgeschrieben? Sie sind allein mit diesem Schritt, konkrete Visionen zu formulieren, ein gutes Stück vorangekommen. Denn die Wahrscheinlichkeit, ein Ziel zu erreichen, ist um ein Vielfaches höher, wenn es schriftlich niedergelegt wurde. Sie haben sich also mit Schritt 2 bereits einen machtvollen Erfolgsmotor geschaffen, der Sie weiterhin unterstützen wird.

Schritt 3: Botschaften der Angst

Wenn Sie sich auf dieses Buch noch tiefer eingelassen haben, sind Sie auf die Suche nach den hilfreichen Botschaften und den verborgenen

Ursachen Ihrer Ängste gegangen. Diese Aufgabe hat Ihnen hoffentlich nicht nur ein besseres Verständnis Ihrer eigenen Innenwelt beschert, sondern auch schon einen Teil der Ängste beseitigt. Häufig passiert genau dies, wenn sich Ängste von etwas bedrohlich Diffusem zu einer Emotion mit Logik und Sinn wandeln: Sie verlieren dadurch viel von ihrer Macht. Wir gewinnen Selbstvertrauen und ahnen bereits etwas von unserer Fähigkeit, selbstbestimmt zu handeln.

Schritt 4: Mit BSFF Ängste lösen

Überwiegend ging es in diesem Buch um emotionales Selbstmanagement – ein abstraktes Wort für eine großartige Fähigkeit. Vor allem mit der Mentaltechnik BSFF sind Sie überbordenden Gefühlen nicht länger ausgeliefert, sondern können ganz bewusst und gezielt darauf Einfluss nehmen. Sich auf solch eine solche Methode einzulassen, bedeutet immer, sich für Eigenverantwortung zu entscheiden und die Opferrolle hinter sich zu lassen. Schon mit ersten Versuchen, durch BSFF Ängste loszulassen und gelassener zu werden, sagen Sie in gewisser Weise »Ab jetzt übernehme ich die Verantwortung für meine Gefühle und Gedanken.« Die Früchte dieses Mutes zeigen sich sehr rasch – und Sie können freier und gelassener Ihr Leben genießen.

Tipp

Nachdem Sie festgestellt haben, wie gut BSFF bei Ängsten hilft, warum nicht auch andere Konditionierungen loslassen, die Ihr Glück beeinträchtigen? Die Strategien und Übungen dieses Buches lassen sich genauso gut für ein glücklicheres Liebesleben, mehr finanziellen Erfolg oder ein harmonischeres Familienleben einsetzen.

Zum Abschluss: BSFF mitten im Leben

Ich wünsche Ihnen, dass die Kombination aus neugieriger Gefühlsanalyse und Bearbeitung mit BSFF für Sie im Laufe der Zeit zu einem mühelosen, wohltuenden Teil des Lebens wird. Allein das Wissen, über ein effektives Werkzeug zur Beeinflussung von Gefühlen zu verfügen, macht gelassen.

Im Beruf und privat

Eine kleine Dosis BSFF lässt Sie entspannter durch den Tag gehen. Wenn Ihnen beispielsweise im Büro vor dem Telefonat mit einem unangenehmen Kunden graut, befreien Sie sich rasch von dem unguten Gefühl und bedienen sich zur inneren Stärkung einiger Affirmationen. Ähnlich können Sie verfahren, wenn Sie im Job überraschend eine unerfreuliche Begegnung hatten. Kurz tief durchatmen und die Verärgerung mit BSFF wegputzen. Sofort sind Sie wieder in Ihrer Mitte und können mit einer positiven Ausstrahlung alle nötigen weiteren Gespräche führen.

Auch Ihr Liebesleben profitiert von BSFF. Wenn Ihr Partner Dinge tut oder sagt, die in Ihnen Verlustängste oder Selbstzweifel auslösen, ziehen Sie sich kurz zurück und behandeln die Emotionen mit der Methode. Danach sind Sie ruhig und gelassen genug für ein Gespräch, das Klärung bewirkt und keinen Streit.

> *Wohin Sie auch gehen, was immer Sie tun und wer immer Ihnen begegnet – Sie sind mit BSFF für die Herausforderungen des Lebens bestens gerüstet.*

Der Alltag wandelt sich

Wenn Sie an den Wurzeln einiger Ängste gearbeitet haben, werden Sie in Ihrem Alltag deutliche Veränderungen wahrnehmen. Sie werden sich in bestimmten Situationen sicherer, mutiger und gelassener fühlen, was einen interessanten Nebeneffekt hat:

Neues Selbstvertrauen

Manche Menschen in Ihrem Umfeld werden es wahrscheinlich seltsam finden, wie Sie sich verändert haben. Im besten Fall wird man Sie nach den Gründen für Ihr neues Verhalten fragen und Ihnen Respekt zollen. Im schlechtesten Fall könnte Ihre neu gewonnene Souveränität Unmut hervorrufen. Denn durch Ihre neue innere Stärke sind Sie weniger leicht manipulierbar. Sie haben keine Angst mehr, Nein zu sagen und für sich einzustehen, das macht Sie im Umgang vielleicht weniger komfortabel. Doch keine Angst vor möglichen unschönen Reaktionen anderer. Sie werden immer gelassener auch mit dem Feedback anderer umgehen und positiv auf eventuelle Kritiker zugehen können.

Geklärte Gefühle

Wenn Sie viel mit BSFF arbeiten, wird sich noch ein weiterer positiver Effekt einstellen: Sie erlangen ein größeres Bewusstsein für Ihre Gefühle. Auch das zahlt sich im Alltag aus. Wer unbewusst und hochemotional reagiert, verhält sich selten zielführend und gibt der Umwelt gern die Schuld für die eigene Reaktion. Sie als BSFF-Routinier erkennen stattdessen, welche Knöpfe ein Gegenüber bei Ihnen drücken konnte, und sind damit in der Lage, entsprechend bewusst gegenzusteuern. Diese Reflektiertheit wird Sie in vielen Momenten besonnener, achtsamer und bewusster handeln lassen. Die Früchte dieser neuen inneren Achtsamkeit werden Sie in Beruf und Privatleben genießen können. Viel Freude damit!

Bücher, die weiterhelfen

Bohne, Dr. Michael: Klopfen gegen Lampenfieber. Sicher vortragen, auftreten, präsentieren. Rowohlt Verlag

Friedrich, Gabriela: Ändere nicht deinen Partner, ändere dich selbst. Negative Beziehungsmuster erkennen und auflösen. mvg Verlag

Geßlein, Silke: Heilpulsieren. Dein Herzensweg zu Freude, Zufriedenheit und Glück. Eigenverlag

Grüber, Dr. Isa: Angstfrei in Minuten. Wirkungsvolle Hilfe gegen Alltagsängste. Südwest Verlag

Klein, Peter W.: BSFF bringt Ihr Leben ins Gleichgewicht. Wie Sie einfach die Kraft Ihres Unterbewusstseins aktivieren. Param Verlag

Servan-Schreiber, David: Die Neue Medizin der Emotionen. Stress, Angst, Depression. Gesund werden ohne Medikamente. Goldmann Verlag

Preisendörfer, Pamela: Glaubenssätze, Überzeugungen & Co. Von mentaler Sabotage zum vollen Potenzial. Windpferd Verlag

Riemann, Fritz: Grundformen der Angst. Eine tiefenpsychologische Studie. Reinhardt Verlag

Stollnberger, Verena: BSFF. Das Anti-Viren-Programm für die Psyche. VAK Verlag

Weil, Thomas: Endlich frei von Stress. Innere Blockaden lösen mit ROMPC. Heinrich Hugendubel Verlag

Wichtiger Hinweis

Übungsregister

IMPRESSUM

© 2012 GRÄFE UND UNZER VERLAG GmbH, München. Alle Rechte vorbehalten. Nachdruck, auch auszugsweise, sowie Verbreitung durch Film, Funk, Fernsehen und Internet, durch fotomechanische Wiedergabe, Tonträger und Datenverarbeitungssysteme jeglicher Art nur mit schriftlicher Genehmigung des Verlags.

Projektleitung: Eva Dotterweich

Lektorat: Diane Zilliges

Innenlayout, Typographie und Umschlaggestaltung: independent Medien-Design, Horst Moser

Coverfoto: Getty images

Syndication: www.jalag-syndication.de

Satz: Knipping Werbung GmbH, Berg/Starnberger See

Herstellung: Susanne Mühldorfer

Reproduktion: Longo AG, Bozen

Druck: Printed in China

ISBN 978-3-8338-2399-2
1. Auflage 2012

Ein Unternehmen der
GANSKE VERLAGSGRUPPE

Unsere Garantie

Alle Informationen in diesem Ratgeber sind sorgfältig und gewissenhaft geprüft. Sollte dennoch einmal ein Fehler enthalten sein, schicken Sie uns das Buch mit dem entsprechenden Hinweis an unseren Leserservice zurück. Wir tauschen Ihnen den GU-Ratgeber gegen einen anderen zum gleichen oder einem ähnlichen Thema um.

Liebe Leserin und lieber Leser, wir freuen uns, dass Sie sich für ein GU-Buch entschieden haben. Mit Ihrem Kauf setzen Sie auf die Qualität, Kompetenz und Aktualität unserer Ratgeber. Dafür sagen wir Danke! Wir wollen als führender Ratgeberverlag noch besser werden. Daher ist uns Ihre Meinung wichtig. Bitte senden Sie uns Ihre Anregungen, Ihre Kritik oder Ihr Lob zu unseren Büchern. Haben Sie Fragen oder benötigen Sie weiteren Rat zum Thema? Wir freuen uns auf Ihre Nachricht!

Wir sind für Sie da!
Montag–Donnerstag: 8.00–18.00 Uhr; Freitag: 8.00–16.00 Uhr
Tel.: 0180-500 50 54*
Fax: 0180-5012054*
E-Mail: leserservice@graefe-und-unzer.de

* (0,14 €/Min. aus dem dt. Festnetz/ Mobilfunkpreise maximal 0,42 €/Min.)

P. S.: Wollen Sie noch mehr Aktuelles von GU wissen, dann abonnieren Sie doch unseren kostenlosen GU-Online-Newsletter und/oder unsere kostenlosen Kundenmagazine.

GRÄFE UND UNZER VERLAG
Leserservice · Postfach 86 03 13
81630 München